국가공인
한자·한문지도사 2급 자격시험 연습문제집

초 판 발 행 | 2011. 3. 15
초 판 3 쇄 | 2015. 5. 15
펴 낸 곳 | 도서출판 형민사
지 은 이 | 국제어문능력개발원
인터넷구매 | www.hanja114.co.kr
구 입 문 의 | TEL.02-736-7694, FAX.02-736-7692
주 소 | ㉾100-032 서울시 중구 저동2가 78번지 비즈센터 502호
등 록 번 호 | 제300-2004-18호
정 가 | 15,000원
ISBN 978-89-91325-91-3 13710

- 이 책에 실린 모든 편집 내용에 대한 저작권은 〈도서출판 형민사〉에 있으므로 무단으로 복사, 복제할 수 없습니다.
- 파손된 책은 바꾸어 드립니다.

국가공인 한자·한문지도사 자격시험 완벽대비

국·가·공·인

漢字·漢文 指導師
자격시험 연습문제집

국가공인 한자·한문지도사 자격시험 상세안내
유형파악을 위한 **연습문제 6회분** 수록
실전대비 **기출문제 2회분** 수록
OCR답안지로 모의시험가능

2급

도서출판 형민사

국가공인
한자·한문지도사 2급

일러두기

1.
이 책은
'사단법인 한자교육진흥회'가 주관하고
'한국한자실력평가원'이 시행하는
'국가공인 한자·한문지도사 자격시험 2급'을
준비하는 응시자를 위해 만들어졌습니다.

2.
기출문제를 철저히 분석하여 재구성한
6회분의 연습문제를 수록하여
출제유형과 경향을 파악할 수 있도록 하였습니다.

3.
최신 기출문제 2회분을 풀어봄으로써
실전감각을 익힐 수 있도록 하였습니다.

4.
정답을 작성할 수 있는 답안지 양식 5회분을 수록하여
실전에 대비한 모의시험이 가능하도록 하였습니다.

자격시험 연습문제집

• 국가공인 한자·한문지도사 자격시험 안내　6

• 국가공인 한자·한문지도사 자격시험 2급 연습문제　9
　　연습문제 1회　**10**
　　연습문제 2회　**25**
　　연습문제 3회　**40**
　　연습문제 4회　**54**
　　연습문제 5회　**68**
　　연습문제 6회　**83**

• 국가공인 한자·한문지도사 자격시험 2급 기출문제　99
　　기출문제 1회　**99**
　　기출문제 2회　**107**

• 모범답안　**115**

• 연습용 답안지

목

차

국가공인 한자·한문지도사 자격시험 안내

한자·한문지도사 자격은 이 시대 유망직종 입니다!!

◆ 자격기본법 제22조 제1항에 따라 국가공인을 받았습니다.
◆ 국가공인 민간자격증은 자격기본법 제23조 제3항에 의거 국가자격을 취득한 자와 동등한 대우를 받으며 국가공인기관에서 시험을 실시합니다.

자격종목 및 등급
- 자격종목 : 한자·한문지도사
- 등   급 : 특급, 1급, 2급, 3급

시험 일시
- 연4회 (1, 4, 7, 10월경), 오후 3시 실시
- 위 시험일정은 사정에 따라 변경될 수 있음

한자·한문지도사란?
「한자·한문지도사」는 한자와 한자어 교육을 통해 어휘능력을 배양하고, 한문독해능력을 길러 한문기록에 담긴 선인들의 삶과 지혜를 이해함으로써 건전한 가치관과 바람직한 인성을 함양하고, 전통문화를 바르게 이해하여 창조적으로 계승 발전시킬 수 있으며, 한자문화권 내에서의 상호이해와 교류 증진에 기여할 수 있도록 집단 및 개인을 지도하는 역할을 수행하는 자를 말한다.

자격의 활용
- 초·중·고등학교 방과후학교 강사
- 문화교실, 주민자치센터 등 각종 사회교육기관 강사
- 대학 평생교육원 강사
- 유치원, 한자공부방, 한자학습지 강사
- 한자·한문 검정관련 업무 수행
- 고전번역, 전통문화 전승교육 등의 업무 수행

시험 요강

※ 각 등급별 출제범위는 하위등급의 범위를 포함함.

등급	검정과목	출제범위	문항수	시험시간	합격기준	응시자격	응시료
특급	한자의 기초	- 한자의 기원·변천·짜임(六書)·부수 - 선정한자 5,000자의 형·음·의	150 객:50 주:100	120분	70% 이상	만20세 이상	10만원
특급	한자의 활용	- 5,000자를 활용한 한자어의 짜임·활용 - 성어의 이해·활용					
특급	한자와 한문	- 논어·맹자·고문진보·한시의 이해 - 한문법·한문교육론(교사론)					
1급	한자의 기초	- 한자의 기원·변천·짜임(六書)·부수 - 선정한자 3,500자의 형·음·의	100 객:30 주:70	80분			
1급	한자의 활용	- 3,500자를 활용한 한자어의 짜임·활용 - 성어의 이해·활용					
1급	한자와 한문	- 격몽요결·소학·대학·중용의 이해 - 고등학교 한문교과서 단문·산문·한시 - 한문법·한문교육론(한국교육사상사)					
2급	한자의 기초	- 한자의 기원·변천·짜임(六書)·부수 - 선정한자 2,300자의 형·음·의	100 객:30 주:70	80분			
2급	한자의 활용	- 2,300자를 활용한 한자어의 짜임·활용 - 성어의 이해·활용					
2급	한자와 한문	- 추구·명심보감의 이해 - 중·고등학교 한문교과서 단문·산문·한시 - 한문법·한문교육론(평생교육론)					
3급	한자의 기초	- 한자의 기원·변천·짜임(六書)·부수 - 교육용한자 1,800자와 천자문의 형·음·의	100 객:30 주:70	80분			
3급	한자의 활용	- 1,800자를 활용한 한자어의 짜임·활용 - 성어의 이해·활용					
3급	한자와 한문	- 사자소학의 이해 - 중학교 한문교과서 단문·산문·한시 - 한문법·한문교육론(한문과 교육과정 해설)					

접수방법

- 인터넷접수 : 홈페이지(www.hanja114.org)에 접속하여 접수
- 방문접수 : 전국 각 지역의 원서접수처 중 가까운 곳에 방문하여 접수

응시자 준비물

- 수험표 • 신분증 • 필기도구(검정색볼펜, 검정색 싸인펜) • 수정테이프
- 시험시작 20분전 입실

국가공인
한자·한문지도사 2급

연 습 문 제

(1회~6회)

1회 국가공인 한자·한문지도사 2급 연습문제

● 객관식 (30문항)

과목1. 한자의 기초

※ 다음 물음에 답하시오.

1. 다음 書體 중에서 그 기원이 가장 오래된 것은?
   ① 楷書   ② 行書   ③ 隷書   ④ 篆書

2. 다음 중 한자의 조자원리(六書)가 다른 하나는?
   ① 弊   ② 弦   ③ 要   ④ 裳

3. 다음 중 옥편(玉篇) 또는 자전(字典)을 활용한 예로 적절하지 않은 것은?

번호	찾을 한자	방법	검색
①	屇	독음	계
②	戴	부수	戈
③	骨	부수	肉
④	率	총획	11

4. 다음에서 설명하는 한자를 부수로 하는 한자는?

   - 갑골문의 형태로 보아 발이 없는 벌레를 상형한 것이다.
   - 긴 등뼈를 가진 짐승이 느릿느릿 가면서 엿보다 죽이려고 하는 모양이다.   「說文解字」

   ① 豪   ② 貌   ③ 觸   ④ 辱

5. 다음 중 정자와 약자의 짝이 바르지 않은 것은?
   ① 擔-払   ② 觸-触   ③ 處-処   ④ 賣-売

과목2. 한자의 활용

※ **다음 물음에 답하시오.**

6. 다음 중 한자어의 짜임이 다른 하나는?
   ① 船舶   ② 防禦   ③ 違法   ④ 抛棄

7. 다음 성어 중 나머지와 의미가 다른 것은?
   ① 羊頭狗肉   ② 口蜜腹劍   ③ 含哺鼓腹   ④ 面從腹背

8. 다음의 뜻을 가진 한자어의 표기가 바른 것은?

어떤 대상이 그대로 있거나 어떤 현상이 계속됨

   ① 尊屬   ② 存續   ③ 尊續   ④ 存屬

9. 다음 중 한자어의 뜻이 바르지 않은 것은?
   ① 允許: 임금이 신하의 청을 허락함
   ② 喪輿: 사람의 시체를 실어서 묘지까지 나르는 도구
   ③ 殆半: 절반이 훨씬 넘어 전체량에 거의 가까운 정도의 수효나 분량
   ④ 罷市: 중국에서, 도시의 상인이 일제히 가게를 닫고 매매를 중지하는 일

10. 다음 글에서 설명하고자 하는 성어는?

길에서 들은 일을 길에서 이야기한다는 뜻으로, 무슨 말을 들으면 그것을 깊이 생각지 않고 다시 옮기는 경박한 태도를 이르는 말이다. 이 성어는 또한 천박한 사람은 좋은 말을 들어도 그것을 깊이 자기의 것으로 간직하지 못한다는 데도 비유된다. 『論語』「陽貨篇」에 공자가 "길에서 듣고 길에서 이야기하는 것은 덕을 버리는 짓이다."라고 말한 데에서 비롯되었다.

    ① 道聽塗說   ② 狂蕩之人   ③ 塗炭之苦   ④ 寡廉鮮恥

과목3. 한자와 한문

※ 다음 글을 읽고 물음에 답하시오.

> (가) 突不燃 不生煙
> (나) 窮人之事 飜亦破鼻

11. (가) 문장의 전체 문장 형식은?
   ① 반어형　　② 가정형　　③ 금지형　　④ 사역형

12. (나) 문장과 뜻이 통하는 성어는?
   ① 鷄卵有骨　② 矯角殺牛　③ 有備無患　④ 如履薄氷

13. 다음 문장과 對句를 이루는 문장은?

> 十年燈下苦

   ① 口中生荊棘　② 三日馬頭榮　③ 生厓酒一盃　④ 十五越溪女

14. 다음 문장의 문맥상 ㉠의 품사는?

> 雨脚㉠尺天地

   ① 명사　　② 동사　　③ 형용사　　④ 부사

15. 밑줄 친 '之'의 활용이 〈보기〉와 같은 것은?

> 〈보기〉　無用之辯 不急之察 棄而勿治

   ① 惡鑵若滿 天必誅之
   ② 勿以善小而不爲 勿以惡小而爲之
   ③ 勤爲無價之寶
   ④ 爲善者 天報之以福

※ 다음 글을 읽고 물음에 답하시오.

> (가) 水底魚天邊雁 高可射兮低可(㉠) 惟有人心咫尺間 咫尺人心不可料
>
> (나) 無義錢財湯潑雪 儻來田地水推沙 若將狡譎爲生計 恰似朝開暮落花

16. (가)의 주제로 적절한 것은?
   ① 暗室欺心 神目如電
   ② 凡人不可逆相 海水不可斗量
   ③ 海枯終見底 人死不知心
   ④ 路遙知馬力 日久見人心

17. ㉠에 알맞은 한자를 고르시오.
   ① 見   ② 釣   ③ 求   ④ 網

18. (나)의 주제와 관련 있는 문장은?
   ① 學文千載寶   ② 冬嶺秀孤松   ③ 貪物一朝塵   ④ 惜花愁夜雨

※ 다음 글을 읽고 물음에 답하시오.

> (가) ⓐ周易曰 善不積 不足以成名 惡不積 不足以滅身 ⓑ小人 ⓒ以小善爲無益而弗爲也 以小惡爲無傷而弗去也 故惡積而不可掩 罪大而不可解
>
> (나) ⓓ履霜 堅氷至 臣弑其君 子弑其父 非一旦一夕之事 其所由來者(㉠)矣

19. 다음 중 (가)와 (나)의 공통된 주제로 가장 적절한 속담은?
   ① 엎은 아기 삼 년 찾는다.
   ② 될 놈은 떡잎부터 다르다.
   ③ 벼는 익을수록 고개를 숙인다.
   ④ 바늘 도둑이 소 도둑 된다.

20. ㉠에 들어갈 漢字로 적절한 것은?
   ① 暫   ② 遲   ③ 漸   ④ 速

21. 다음 설명 중 옳지 않은 것은?
    ① ⓐ는 四書三經 중 하나이다.
    ② ⓑ는 以A爲B의 문형으로 'A를 근거로 B라고 생각하다.'의 구조이다.
    ③ ⓒ는 도량이 좁고 간사한 사람을 말한다.
    ④ ⓓ는 '전전긍긍(戰戰兢兢)'과 같은 뜻이다.

※ 다음 글을 읽고 물음에 답하시오.

> 有一童 夜於燈下讀書 問其母曰 物何以能有影 影何以有大小 其母曰 ㉠凡不透光之物 置於燈前 燈光 必爲物所蔽 其所蔽之處 卽爲影 物離燈光 (ⓐ)則其影(ⓑ) 物離燈光 (ⓒ)則其影(ⓓ) 童以手 於燈前作影而試之 果如其母所言

22. 윗글에서 이야기 하고 있는 내용은?
    ① 독서의 방법　　　　　　② 촛불의 필요성
    ③ 달이 빛나는 이유　　　　④ 그림자의 생성원리

23. ㉠의 예로 적절하지 않은 것은?
    ① 벼루　　② 유리　　③ 손바닥　　④ 책

24. 윗 글의 특징으로 적절한 것은?
    ① 科學的　　② 抒情的　　③ 誇張的　　④ 諷刺的

25. ⓐ~ⓓ에 알맞은 한자를 차례로 배열한 것은?
    ① 近-大-遠-小　　　　② 近-小-遠-大
    ③ 暗-大-明-小　　　　④ 明-大-暗-小

※ 다음 물음에 답하시오.

26. 다음 설명 중 옳은 것은?
    ① 形聲의 방법으로 만들어진 한자가 가장 많다.
    ② 변형된 部首는 원래의 부수와 그 의미가 다르다.
    ③ 漢字는 表意文字로 모든 글자가 부분의 의미들을 조합하여 만든 글자이다.
    ④ 현재 우리나라에서 사용하고 있는 한자의 모양은 '行書'에 가장 가깝다고 할 수 있다.

27. 고사성어를 지도할 때 가장 중시해야 하는 것은?

　① 성어에 나오는 한자의 구성 원리를 지도한다.

　② 한문학습에 도움이 되도록 한자의 음과 뜻을 중점으로 지도한다.

　③ 문장 독해력을 키우기 위해 허자의 쓰임과 문장의 구조를 중점으로 지도한다.

　④ 겉으로 드러난 뜻과 함께 속뜻을 파악하고, 선인들의 지혜와 사상을 이해하도록 지도한다.

28. 한문을 평가할 때 유의해야 할 사항으로 적절하지 않은 것은?

　① 격언·속담은 그 속뜻을 이해하고 있는지의 여부에 중점을 둔다.

　② 한시는 내용의 이해와 감상에 중점을 두어 평가한다.

　③ 한문 문장에 담긴 선인들의 삶과 사상을 이해하는지에 대한 평가도 병행한다.

　④ 문법지식에 관해서는 문장 독해와 독립적으로 평가한다.

29. 다음에서 설명하고 있는 제도는?

> (가) 학교에서뿐만 아니라 학교 밖에서 이루어지는 다양한 형태의 학습경험 및 자격을 학점으로 인정하는 제도이다.
> (나) 대학 교육과정에 준하는 표준교육과정을 근거로 인정된 평생교육기관들의 교육이수결과를 대학의 학점에 준하여 인정해 주는 제도이다
> (다) 학점이 누적되어 일정기준이 충족되면 학위취득도 가능하게 하는 제도이다.

　① 직업능력인증제　　② 대학시간 등록제

　③ 학점은행제　　　　④ 독학학위제

30. 평생교육의 개념적 특성으로 적절하지 않은 것은?

　① 인간의 삶의 질을 향상시키는 것을 목적으로 한다.

　② 직업세계에의 적응을 돕는 직업교육과 인격의 전체적인 발달을 도모하는 교양교육의 조화와 균형을 지향한다.

　③ 교육의 형태·방법·내용을 다양화하고 이에 융통성을 부여하여 누구나 접근할 수 있게 한다.

　④ 비형식적, 무형식적 교육을 제외한 가정·학교·사회에서 이루어지는 교육을 수평적으로 통합한 모든 교육을 포괄한다.

● 주관식 (70문항)

과목I. 한자의 기초

※ 다음 물음에 답하시오.

주1. 다음은 효과적인 '漢字지도법'의 일부이다. □에 공통으로 들어갈 漢字를 쓰시오.

> (가) 予-序-野-舒-□
> (나) □置, □金

(   )

주2. 다음 漢字의 部首와 部首의 훈음을 쓰시오. 단, 부수가 변형되어 쓰인 경우에는 부수의 원형을 쓰시오. (예: 扌→手)

肅 (부수: 부수의 훈음:)

※ 다음 표를 보고 물음에 답하시오.

甲骨文	小篆	풀이
Y형	Y형	음식을 담는 그릇

주3. 위 설명에 해당하는 漢字를 쓰시오.   (   )

주4. 위 부수글자에 해당하는 漢字를 두 개만 쓰시오.(제부수 제외)
(,   )

※ 다음은 漢字가 활용된 용례이다. 물음에 답하시오.

한자	용례1	훈음1	용례2	훈음2
易	容易	쉬울 이	貿易	바꿀 역
覆	覆載	ⓐ	飜覆	ⓑ
龜	龜鑑	ⓒ	龜裂	ⓓ

주5. ⓐ, ⓑ에 알맞은 훈음을 차례로 쓰시오.
(ⓐ   , ⓑ   )

주6. ⓒ, ⓓ에 알맞은 훈음을 차례로 쓰시오.
(ⓒ   , ⓓ   )

※ **다음을 읽고 물음에 답하시오.**

> • □은 음과 뜻이 여러 개인 글자이다.
> 용례① □告 : 일반에게 널리 알림
> 용례② □施 : 자비심으로 남에게 재물이나 불법을 베풂

주7. 용례①에서 사용된 □의 훈과 음을 쓰시오.   (   )

주8. 용례②에서 사용된 □의 훈과 음을 쓰시오.   (   )

※ **다음 간체자(簡體字)를 번체자(繁體字)로 쓰시오.**

주9. 台 (   )

주10. 尝 (   )

과목2. 한자의 활용

※ **다음 한자어의 짜임을 쓰시오.**

주11. '紊亂' (관계)

주12. '要塞' (관계)

※ **다음 설명하는 단어를 漢字로 쓰시오.**

주13. 농장 : 아들을 낳은 즐거움   (   )

주14. 하자 : 법률 또는 당사자가 예기한 상태나 성질이 결여되어 있는 일
(   )

※ 다음 □안에 공통으로 들어갈 漢字를 쓰시오.

주15. □諂　　□附　　□膠　　　　　　　　（　　　　　　）

주16. □民　　□胞　　華□　　　　　　　　（　　　　　　）

※ 다음 문장의 밑줄 친 단어를 문맥에 맞게 漢字로 쓰시오.

주17. 오래된 바지를 <u>수선</u>하여 치마로 만들었다.　　（　　　　　）

주18. 일정한 직선이나 평면과 직각을 이루는 직선을 <u>수선</u>이라고 한다.

（　　　　　）

※ 다음 문장에서 잘못 표기된 漢字를 바르게 고쳐 쓰시오.

주19. 전문가를 抄聘하여 교육을 실시하였다.　　（　　　→　　　）

주20. 그는 葬器이식수술로 새 생명을 얻게 되었다.　　（　　　→　　　）

주21. 공원에 幼致園 아이들이 逍風을 나왔다.　　（　　　→　　　）

※ 다음 문장을 읽고 물음에 답하시오.

> 뒤에 난 사람은 두려워할 만하다는 뜻으로, 후배는 나이가 젊고 의기가 장하므로 학문을 계속 쌓고 덕을 닦으면 그 진보는 선배를 능가하는 경지에 이를 것이라는 말이다. 자기보다 뒤에 태어난 사람, 즉 후배에 해당하는 사람은 장래에 무한한 가능성을 가지고 있으므로 가히 두려운 존재라는 것이다. 이 말은 『論語』「子罕篇」에 나온다.
> "子曰 ○○○○ 焉知來者之不如今也 四十五十而無聞焉 斯亦不足畏也已"

주22. 윗글에서 설명하는 ○○○○에 들어갈 성어를 漢字로 쓰시오.

（　　　　　）

주23. 윗글에서 설명하는 성어와 비슷한 뜻을 가진 사자성어를 漢字로 쓰시오.

（　　　　　）

※ 다음 글을 읽고 물음에 답하시오.

> "㉠<u>백부</u>께서 만약 갓을 찢고 면류관을 부수고 ㉡<u>근본을 뽑고 근원을 막으며</u> 오로지 지혜로운 임금을 버리신다면 비록 오랑캐일지라도 그 어찌 나 한 사람뿐이리오."

주24. ㉠을 漢字로 쓰시오. （　　　　）

주25. ㉡에 해당하는 사자성어를 漢字로 쓰시오. （　　　　）

과목3. 한자와 한문

※ 다음 글을 읽고 물음에 답하시오.

> (가) 積功之塔 豈毀乎
> (나) 割鷄 ㉠<u>焉</u>用牛刀
> (다) 隨(㉡)適江南
> (라) ㉢<u>지피지기</u> 百戰不殆

주26. (가)에 어울리는 우리말 속담을 쓰시오.
（　　　　　　　　　　　　　　）

주27. 문맥상 ㉠의 훈음을 쓰시오. （　　　　）

주28. ㉡에 알맞은 漢字를 쓰시오. （　　　　）

주29. ㉢을 漢字로 쓰시오. （　　　　）

※ 다음 글을 읽고 물음에 답하시오.

> 丞相趙高 欲㉠<u>전권</u> 恐群臣不聽 乃先設驗 指鹿獻於二世曰 馬也 二世笑曰 丞相誤耶 (㉡) 問左右 ㉢<u>或默或言</u>　<十八史略>

주30. ㉠을 漢字로 쓰시오. （　　　　）

주31. ㉡에 알맞은 사자성어를 漢字로 쓰시오. （　　　　）

주32. ㉢의 이유를 쓰시오. （　　　　　　）

※ 다음 漢詩를 읽고 물음에 답하시오.

> ㉠興仁門外無名巷　一帶沙川五柳斜
> 墻北墻南花下路　前三後七是吾家

주33. ㉠의 다른 명칭을 漢字로 쓰시오.　　　　　　　　　(　　　　　　　)

주34. 윗글에서 글쓴이가 표면적으로 알려주고 있는 정보는 무엇인가?
　　　　　　　　　　　　　　　　　　　　　　　　　　(　　　　　　　)

※ 다음을 읽고 물음에 답하시오.

> (가)　林亭秋已晩　　騷客意無窮
> 　　　遠水連天碧　　㉠상풍向日紅
> (나)　㉡擊鼓催人命　㉢西風日欲斜
> 　　　㉣黃泉無客店　今夜宿誰家

주35. ㉠을 漢字로 쓰시오.　　　　　　　　　　　　　　　(　　　　　　　)

주36. ㉡을 해석하시오.　　　　　　　　　　　　　　　　　(　　　　　　　)

주37. ㉢을 통해 알 수 있는 시간적 배경은?　　　　　　　(　　　　　　　)

주38. ㉣과 같은 뜻을 가진 2음절의 우리말을 쓰시오.　　　(　　　　　　　)

※ 다음 글을 읽고 물음에 답하시오.

> (가)　吹火女脣㉠尖　脫弁僧頭㉡圓
> (나)　水去不㉢復回　言出難㉣更收

주39. ㉠ '尖'을 활용하여 2음절의 한자어를 만들어 漢字로 쓰시오.
　　　　　　　　　　　　　　　　　　　　　　　　　　(　　　　　　　)

주40. ㉡의 문장 성분을 쓰시오.　　　　　　　　　　　　　(　　　　　　　)

주41. 문맥에 맞게 ㉢과 ㉣의 훈과 음을 각각 쓰시오.　(㉢　　　　,㉣　　　　)

※ 다음 글을 읽고 물음에 답하시오.

> (가) 事(㉠)小 不作不成 子(㉡)賢 不敎不明
> (나) 黃金滿籯 不如敎子一㉢經 賜子千金 不如敎子一藝
> (다) 不㉣經一事 不長一智

주42. (가)와 (나)의 공통적인 주제를 간략히 쓰시오.　　　　(　　　　　)

주43. ㉠과 ㉡에 공통으로 들어갈 漢字를 쓰시오.　　　　(　　　　　)

주44. 문맥상 ㉢과 ㉣의 품사를 차례대로 쓰시오.　　　(㉢　　　, ㉣　　　)

※ 다음 글을 읽고 물음에 답하시오.

> 許生 好讀書 一日妻甚饑 泣曰 子平生讀書 何爲 許生笑曰 吾讀書未熟 妻曰 不有工乎 生曰 ㉠工未素學 奈何 妻曰 不有商乎 生曰 商無㉡본전 奈何 妻曰 晝夜讀書 只學奈何 不工不商 何不盜賊

주45. 윗글의 작가의 이름을 쓰시오.　　　　　　　　　(　　　　　)

주46. ㉠을 해석하시오.　　　　　　　　　　　　　　(　　　　　)

주47. ㉡을 漢字로 쓰시오.　　　　　　　　　　　　　(　　　　　)

※ 다음 글을 읽고 물음에 답하시오.

> 高句麗平原王之女 幼時 好啼 王戲曰 以汝 將歸愚溫達 及長 欲下㉠嫁于上部高氏 女以王不可㉡食言 固辭 終爲溫達之妻 蓋溫達家貧 行乞養母 時人 ㉢目爲愚溫達也 一日 溫達 自山中 負楡皮而來 王女訪見曰 吾乃㉣子之匹也 乃賣首飾 而買田宅器物頗富 多養馬以資溫達 終爲㉤현영

주48. ㉠과 같은 뜻을 가진 漢字를 본문에서 찾아 쓰시오.　(　　　　　)

주49. ㉡의 뜻을 쓰시오.　　　　　　　　　　　　　　(　　　　　)

주50. 문맥상 ㉢의 뜻을 2음절의 한자어로 쓰시오.　　　(　　　　　)

주51. ㉣이 가리키는 대상을 본문에서 찾아 쓰시오.　　　(　　　　　)

주52. ㉤을 漢字로 쓰시오.　　　　　　　　　　　　　　(　　　　　)

※ **다음 ○에 공통으로 들어갈 漢字를 쓰시오.**

주53. (　　　　　)

> (가) 不恨自家汲○短 只恨他家苦井深
> (나) 木從○則直 人受諫則聖

주54. (　　　　　)

> (가) 賢婦 令○貴
> (나) 家有賢妻 ○不遭橫禍

※ **제시된 〈풀이〉에 맞게 (　)안의 漢字들을 모두 이용하여 바르게 배열하시오.**

주55. (未 聲 笑 聽 花)

→ (　　　　　　　)

〈풀이〉 꽃은 웃어도 소리는 들리지 않고

주56. 唯而不諾 (口 食 在 則 之 吐)

→ (　　　　　　　　　)

〈풀이〉 음식이 입 안에 있거든 뱉을 것이니라.

※ **다음 ○에 들어갈 漢字·漢字語를 쓰시오.**

주57. ○凉黃菊發 冬寒白雪來　　　　　　　　　　　　(　　　　　)

주58. ○○事 明如鏡 未來事 暗似漆　　　　　　　　　(　　　,　　　)

※ 다음 문장에서 밑줄 친 부분을 해석하시오.

주59. <u>狗走梅花發</u>
(   )

주60. <u>寧塞無底缸</u> 難塞鼻下橫
(   )

주61. 酒食兄弟 千個有 <u>急難之朋 一個無</u>
(   )

주62. 昨過永明寺 <u>暫登浮碧樓</u>
(   )

주63. 爾見不長 <u>敎之何益</u>
(   )

주64. <u>勸君敬待老來人</u> 壯時爲爾筋骨敝
(   )

주65. <u>知欲圓而行欲方</u>
(   )

※ 다음 표를 읽고 물음에 답하시오.

학습목표 : 문장의 구조를 알고 문장을 스스로 풀이 한다.

문장의 구조	예시
주술 구조	天高, 自然師也
(㉠) 구조	臣事君, 君使臣
주술보 구조	(㉡)

주66. ㉠에 알맞은 문장의 구조를 쓰시오.   (   )

주67. ㉡에 적절한 문장을 작성하시오. (   )

주68. 성어·격언·속담 등을 교수할 때 활용할 수 있는 수업방법을 한 가지만 쓰시오.
(   )

※ **다음은 평생교육진흥을 위한 다양한 방안에 대한 설명이다. 물음에 답하시오.**

> (가) 각 개인이 받은 학교교육과 학교 밖에서 그리고 학교를 졸업한 후에 다양한 교육과 학습활동을 누적 기록하는 일종의 '국민종합교육학습기록부'라 할 수 있다.
>
> (나) 직업인으로서 갖추어야 할 기초 직업능력을 분야별·수준별로 기준을 설정하고 객관적으로 측정하여 해당 능력의 소지 여부를 공식적으로 인증해 주는 제도이다.

주69. (가)에서 설명하는 제도의 명칭을 쓰시오. (   )

주70. (나)에서 설명하는 제도의 명칭을 쓰시오. (   )

2회 국가공인 한자·한문지도사 2급 연습문제

● 객관식 (30문항)

과목1. 한자의 기초

※ 다음 물음에 답하시오.

1. 한자의 기원과 변천에 대한 설명 중 바른 것은?
   ① 隷書는 회화적인 특징을 가지고 있다.
   ② 가장 오래된 한자의 형태는 金文이다.
   ③ 篆書는 청동기나 돌에 새겨진 것이 대부분이다.
   ④ 楷書體 이후 붓으로 쓰기 편리한 行書와 草書가 생겨났다.

2. 다음과 같은 생성 원리와 관련이 깊은 한자는?

   - 윗 상(上)자의 생성과정
     ① 평평한 곳 위에 무언가가 있다고 상상한다.
     ② 평평한 선(一)위에 얹어 있는 물건을 점으로 표기해보자.

   ① 末   ② 兆   ③ 齊   ④ 壬

3. 다음 중 옥편(玉篇) 또는 자전(字典)에서 활용한 예로 적절하지 않은 것은?

번호	찾을 한자	방법	검색
①	郡	부수	阜
②	衰	독음	최
③	殺	독음	쇄
④	龜	총획	16

4. 다음의 설명에 해당하는 한자는?

甲骨文	풀이
酉 酉	술단지의 모양을 본뜬 글자

① 酉   ② 瓦   ③ 缶   ④ 鬲

5. 다음 중 정자와 약자의 짝이 바르지 않은 것은?
① 驅-驱   ② 勵-勧   ③ 殘-残   ④ 鹽-塩

과목 2. 한자의 활용

※ 다음 물음에 답하시오.

6. 다음 중 漢字語의 짜임이 나머지 넷과 다른 하나는?
① 保護   ② 誤謬   ③ 割賦   ④ 解釋

7. 다음 중 한자 표기가 바르지 않은 것은?
① 無賴漢   ② 鐵面皮   ③ 摩天樓   ④ 道外視

※ 다음 글을 읽고 물음에 답하시오.

> 왕망(王莽)의 폭정으로 각지에서 ㉠反亂이 일어나자, 양홍은 아내 맹광과 속세를 떠나 이름을 숨긴 채 어느 집의 작은 방 하나를 빌려 살았다. 양홍은 매일 삯방아를 찧으러 나가고, 그 ㉡근소한 수입으로 겨우 목구멍에 풀칠할 정도였다.
>
> 그런데도 맹광은 매일 가시나무 비녀를 꽂고 무명 치마를 입고서 남편을 따뜻이 맞았으며, ㉢밥상을 눈썹 높이 들어 공손히 남편에게 식사를 권했다.

8. ㉠과 그 의미가 유사한 한자어는?
① 逆亂   ② 亂黨   ③ 避難   ④ 亂離

9. ㉡과 그 의미가 유사한 성어는?
① 苛斂誅求   ② 有粟不食   ③ 三旬九食   ④ 十匙一飯

10. ㉢에서 유래한 成語는?

① 弊袍破笠 ② 擧案齊眉 ③ 纖纖玉手 ④ 山戰水戰

과목3. 한자와 한문

※ 다음 물음에 답하시오.

11. 다음 문장과 對句를 이루는 문장은?

水去不復回

① 花作娼女態 ② 日下樓痕消 ③ 星作絶纓珠 ④ 言出難更收

12. 다음 밑줄 친 '而'의 기능이 나머지와 다른 것은?

㉠ 天網 恢恢 疎而不漏
㉡ 無用之辯 不急之察 棄而勿治
㉢ 膽欲大而心欲小
㉣ 君子 有勇而無禮 爲亂

① ㉠ ② ㉡ ③ ㉢ ④ ㉣

13. 다음 ㉠과 ㉡의 품사로 적절한 것은?

(가) ㉠事君 如事親
(나) 處官㉡事 如家事

① ㉠:명사 ㉡:동사
② ㉠:부사 ㉡:동사
③ ㉠:형용사 ㉡:명사
④ ㉠:동사 ㉡:명사

14. 다음 문장과 관련된 성어는?

窓外三更雨 燈前萬里心

① 首丘初心 ② 朝三暮四 ③ 燈下不明 ④ 朝變夕改

15. 다음 문장과 뜻이 가장 유사한 것은?

> 貧居鬧市無相識　富住深山有遠親

① 大富由天 小富由勤
② 家貧思賢妻 國亂思良相
③ 人義盡從貧處斷 世情便向有錢家
④ 痴聾瘖啞家豪富 智慧聰明却受貧

16. 다음 중 독음이 바른 것은?
① 洗硯魚吞墨 : 세연어탄묵
② 烹茶鶴避煙 : 형다학피연
③ 簷花落酒中 : 담화락주중
④ 栗黃鼠來拾 : 율황서래습

17. 다음 중 은유적 표현을 사용한 문장은?
① 流星壯士矢　② 氷解魚初躍　③ 食草馬口靑　④ 松葉細似針

18. 다음 중 해석이 바른 것은?
① 猿嘯風中斷 : 사슴 울음소리는 바람소리에 멀어져가고
② 排草失家蟻 : 풀이 없어지니 반딧불이 집을 잃어버리네.
③ 虹爲百尺橋 : 무지개는 아주 높다란 다리가 되었다네.
④ 梨花白雪香 : 배꽃은 눈 내리는 겨울에도 향기롭다네.

※ **다음 글을 읽고 물음에 답하시오.**

> 孟子之少也　旣學而歸　孟母㉠方績　問曰　學何所至矣　孟子曰
> ㉡自若也　孟母㉢以刀　斷其織　孟子　懼而問其故　孟母曰　子之廢
> 學　若吾斷斯織也 (중략) 孟子懼　旦夕勤學不息　師事(㉣)　遂成天
> 下之名儒

19. ㉠의 品詞는?
① 명사　② 동사　③ 형용사　④ 부사

20. 문맥상 ㉡에 대한 '孟母'의 심정으로 적절한 것은?
① 安堵　② 失望　③ 感動　④ 拋棄

21. ㉢의 이유로 적절한 것은?

① 만들던 옷이 형편없어서

② 아들에게 옷을 지어 주려고

③ 자식에게 가르침을 주기 위해서

④ 칼의 날카로움을 보여주기 위해서

22. ㉣에 알맞은 인물은?

① 老子   ② 墨子   ③ 朱子   ④ 子思

※ **다음 글을 읽고 물음에 답하시오.**

> 虎求百獸而食㉠之 得狐 狐曰子無敢食我也 帝使我 ㉡長百獸 今子食我 是逆天帝命也 子以我爲不信 吾爲子先行 子隨我後 觀百獸之見我而敢不走乎 虎以爲然 故遂與之行 獸見之皆走 虎不知獸畏己而走也 以爲畏狐也

23. 위 글에서 ㉠이 가리키는 대상을 고르시오.

① 虎   ② 百獸   ③ 狐   ④ 天帝

24. 다음 밑줄 친 한자의 의미가 ㉡과 가장 유사한 것은?

① 助<u>長</u>   ② 身<u>長</u>   ③ <u>長</u>點   ④ 尊<u>長</u>

25. 여우의 행동을 표현하기에 적절한 속담은?

① 원님 덕에 나팔 분다.

② 업은 아이 삼 년 찾는다.

③ 구슬이 서 말이라도 꿰어야 보배

④ 떡 줄 사람은 꿈도 안 꾸는데 김칫국부터 마신다.

※ **다음 물음에 답하시오.**

26. '六書' 지도의 주된 내용은?

① 한자의 획수　　　　　② 자형의 변천

③ 성어의 생성　　　　　④ 한자의 구성 원리

※ **다음 글을 읽고 물음에 답하시오.**

27. 한자·한문교육의 목표로 적절하지 않은 것은?
    ① 바른 언어생활에 도움을 준다.
    ② 한문독해의 기초적인 능력을 배양한다.
    ③ 신문·서적의 한자전용을 지향한다.
    ④ 한문기록에 담긴 선인들의 지혜를 배운다.

28. 교수·학습 계획을 세울 때에 고려해야 할 사항으로 적절하지 않은 것은?
    ① 학습자, 가정, 사회 등의 요구를 수렴하여 계획한다.
    ② 학습자의 일상생활에 도움이 되도록 한다.
    ③ 한자 학습은 단체학습을 지향하므로 개인 학습자의 특수 상황은 고려할 필요가 없다.
    ④ 한자, 한자어, 한문의 학습이 통합적으로 이루어질 수 있고, 반복 학습이 가능하도록 계획한다.

29. 평생교육의 등장배경으로 적절하지 않은 것은?
    ① 인간 평균수명의 증가
    ② 지식과 정보의 폭발적 증가
    ③ 노동시간의 증가와 여가시간의 감소
    ④ 고도 산업화에 따른 생활양식의 급격한 변화

30. 다음 중 전통예술과 전통기능 보유자들의 전승자 양성을 위한 정책과 관련된 제도는?
    ① 대학시간등록제　　　　　② 원격평생교육원
    ③ 문하생 학력인정제　　　　④ 평생교육협회

과목 1. 한자의 기초

※ 다음 물음에 답하시오.

주1. 한자의 三要素에 유의하여 ㉠과 ㉡에 알맞은 내용을 쓰시오.

形(모양)	義(뜻)	音(소리)
掛	걸다	(㉠)
(㉡)	그림	도

(㉠   , ㉡   )

주2. 다음 漢字의 部首와 총획수를 쓰시오. 단, 부수가 변형되어 쓰인 경우에는 부수의 원형을 쓰시오. (예: 扌→手)

膚 (부수: 총획수: 획)

※ 다음 표를 보고 물음에 답하시오.

金文	小篆	㉠	楷書
			鼠

주3. ㉠에 들어갈 내용을 漢字로 쓰시오.   (   )

주4. 위에서 설명하는 한자의 부수를 쓰시오.   (   )

※ 다음을 읽고 물음에 답하시오.

> 목멱산은 南山의 옛 이름이다. '멱'은 '㉠손톱'과 '보다'의 뜻을 가진 한자가 더하여 構成된 글자로, '파헤쳐서 찾는다'에서 추출한 '찾다'가 본뜻이다. ㉡목멱이란 이름은 돌과 바위가 많고 나무가 별로 없어서 생긴 이름인 듯하다.

주5. ㉠의 뜻을 가진 漢字를 쓰시오.   (   )

주6. ㉡을 漢字로 쓰시오.   (   )

※ **다음 □안에 類義字를 넣어 한자어를 완성하시오.**

주7. 傾□   (   )

주8. 睡□   (   )

※ **다음 漢字를 簡體字로 쓰시오.**

주9. 過   (   )

주10. 歸   (   )

과목2. 한자의 활용

※ **다음 물음에 답하시오.**

주11. 다음 한자어의 짜임을 쓰시오.

　　'必勝'   (관계)

주12. '段階'의 類義語를 漢字로 쓰시오.   (   )

주13. '輕率'의 反義語를 漢字로 쓰시오.   (   )

※ **다음 설명하는 단어를 漢字로 쓰시오.**

주14. 밀어 : 남녀 사이의 달콤하고 정다운 이야기   (   )

주15. 엽기 : 비정상적이고 괴이한 일이나 사물에 흥미를 느끼고 찾아다님
                                                    (   )

※ **다음 □안에 공통으로 들어갈 漢字를 쓰시오.**

주16. 帳□   天□   開□   (   )

주17. 濃□   伸□   □小   (   )

※ 다음 문장의 밑줄 친 단어를 문맥에 맞게 漢字로 쓰시오.

주18. 학기말 <u>고사</u>가 끝나고 방학을 한다. (   )

주19. <u>고사</u>한 나뭇가지에 눈꽃이 피었다. (   )

※ 다음 문장에서 잘못 표기된 漢字를 바르게 고쳐 쓰시오.

주20. 컴퓨터를 携待하고 다니는 尖端時代가 到來했다. (→   )

주21. 삼가 故人의 明福을 빕니다. (→   )

※ 다음 문장을 읽고 물음에 답하시오.

> 齊나라 宣王은 천하의 覇權을 잡기 위한 방법을 맹자에게 물었다. 그러자 맹자는 다음과 같이 말하였다.
> "토지를 개척하여 秦나라와 楚나라의 조회를 받고 중국에 군림하여 사방의 오랑캐를 어루만지고자 하는 것은, ㉠<u>나무에 올라가 물고기를 구하는 것</u>과 같습니다."   (중략)
> "예를 들면, 지금 소국인 鄒와 대국인 楚가 싸우면 어느 쪽이 이기겠습니까?"
> "楚나라가 이깁니다."
> "그렇다면 작은 나라는 결코 큰 나라를 이길 수 없고, ㉡<u>적은 수로는 많은 수를 대적하지 못하며</u>, 약자는 강자에게 패하기 마련이옵니다."

주22. ㉠의 뜻을 가진 사자성어를 漢字로 쓰시오. (   )

주23. ㉡의 뜻을 가진 사자성어를 漢字로 쓰시오. (   )

※ 다음에 제시된 成語와 의미가 같은 사자성어를 漢字로 쓰시오.

주24. 白眉 (   )

주25. 泉石膏肓 (   )

과목3. 한자와 한문

※ 다음 글을 읽고 물음에 답하시오.

> (가) 知恩 性至(㉠) 少喪父 獨養其母 日久不勝困 賣身爲婢 得米十餘石 養之 其母曰 向食惡而甘 今則食雖好 味不如昔 是何意耶
>
> (나) 英祖問衆女子曰 天下 何者最深 一處女對曰 人心最深 問其故 對曰 水深可測 人心難測 又問曰 何花最好 對曰 (㉡)最好 衣被萬民

주26. ㉠에 알맞은 1음절의 한자어를 쓰시오. (   )

주27. ㉡에 알맞은 2음절의 한자어를 쓰시오. (   )

주28. '人心最深'이라고 말한 이유를 윗글에서 찾아 해석하시오.
(   )

※ 다음 글을 읽고 물음에 답하시오.

> (가) 母 以橘二枚 授二子 ㉠幼子 置不食 母問何故 曰㉡頃者 兒有過 父親 禁勿食也 父適入聞之 喜曰 兒能不欺爾母 可以食橘矣
>
> (나) 李公遂 還㉢自北京 中路馬困 粟積于無人之野 從者 取㉣之而食馬 ㉤公遂以其時價 留布粟積中 從者曰 人必取去何益 公遂曰 吾固知之 然 必如是而後 吾心得安

주29. ㉠의 이유를 간략히 쓰시오.
(   )

주30. ㉡의 뜻을 쓰시오. (   )

주31. 문맥상 ㉢의 뜻을 쓰시오. (   )

주32. ㉣이 지시하는 대상을 본문에서 찾아 쓰시오. (   )

주33. ㉤과 같이 행동한 궁극적인 이유를 나타낸 4음절로 이루어진 문장을 본문에서 찾아 쓰시오. (   )

※ **다음 漢詩를 읽고 물음에 답하시오.**

> (가) 月作雲間鏡 ㉠風爲竹裡琴
>
> (나) ㉡山外山不盡 路中路無窮
>
> (다) (㉢)千年鏡 江山萬古屛
>
> (라) 東西(㉣)門 南北㉤홍안路

주34. ㉠을 해석하시오.
( )

주35. ㉡을 표현하기에 적절한 사자성어를 漢字로 쓰시오. ( )

주36. ㉢과 ㉣에 공통으로 들어가기에 알맞은 2음절의 단어를 漢字로 쓰시오.
( )

주37. ㉤을 漢字로 쓰시오. ( )

※ **다음 漢詩를 읽고 물음에 답하시오.**

> (가) ㉠問余何事棲碧山　笑而不答心自閑
> 　　桃花流水杳然去　別有天地非人間
>
> (나) 一萬二千峰　高低自不同
> 　　君看日輪上　何處最先紅

주38. (가)의 주제를 쓰시오. ( )

주39. (나)의 소재이자 제목인 산의 이름을 漢字로 쓰시오. ( )

주40. ㉠을 해석하시오.
( )

※ 다음 글을 읽고 물음에 답하시오.

>　　范忠宣公　戒子弟曰　人雖㉠至愚　責人則明　雖有㉡총명　恕己則昏 ㉢爾曹　但常以責人之心　責己　恕(ⓐ)之心　恕(ⓑ)　則㉣不患不到 聖賢地位也

주41. 문맥상 ㉠의 품사를 쓰시오.　　　　　　　　　　　　　(　　　　　　)

주42. ㉡을 漢字로 쓰시오.　　　　　　　　　　　　　　　　　(　　　　　　)

주43. ㉢이 지시하는 대상을 윗글에서 찾아 쓰시오.　　　　　 (　　　　　　)

주44. ⓐ와 ⓑ에 알맞은 漢字를 차례대로 쓰시오.　　(ⓐ　　　　,ⓑ　　　　)

주45. ㉣을 해석하시오.
(　　　　　　　　　　　　　　　　　　　　　　　　　　　　　　　　　)

※ 다음 문장은 음(音) 속에 우리말이 숨겨져 있는 해학적인 문장이다. <보기>와 같이 고치시오.

<보기>	短池孤草長 (단지고초장) -> 단지엔 고추장

주46. 月移山影改(월이산영개)
　→ (　　　　　　　　　　　　　　　　　　　　　)

주47. 日下樓痕消(일하루흔소)
　→ (　　　　　　　　　　　　　　　　　　　　　)

※ 다음 글을 읽고 물음에 답하시오.

> (가) 列子曰　痴聾痼啞　家豪富　智慧聰明　㉠却受貧　年月日時該載定 算來由命不由人
> (나) 萬事分已定　㉡부생空自忙

주48. 문맥 상 ㉠의 뜻을 쓰시오.　　　　　　　　　　　　　(　　　　　　)

주49. ㉡을 漢字로 쓰시오.　　　　　　　　　　　　　　　　(　　　　　　)

※ **다음 글을 읽고 물음에 답하시오.**

> 孫順家貧 與其妻 傭作人家以養母 有兒每奪母食 順謂妻曰 兒
> 奪母食 兒可得 母難再求 ㉠乃負兒往歸醉山北郊 欲埋掘地 忽有甚
> 奇石鐘 驚怪試撞之 ㉡舂容可愛 妻曰得此奇物 殆兒之福 埋㉢之不
> 可 ㉣順以爲然 ㉤將兒與鐘還家 懸於樑撞之 王聞鐘聲 淸遠異常而
> 覈聞其實 曰昔郭巨埋子 天賜金釜 今孫順埋兒 地出石鐘 前後符同
> 賜家一區 歲給米五十石

주50. ㉠의 이유를 간략히 쓰시오.　　　(　　　　　　　　　)

주51. ㉡의 독음을 쓰시오.　　　　　　　(　　　　　　　　　)

주52. ㉢이 지시하는 대상을 본문에서 찾아 쓰시오.　(　　　　　　　　　)

주53. ㉣을 해석하시오.　　　　　　　　(　　　　　　　　　)

주54. 문맥상 ㉤의 품사를 쓰시오.　　　　(　　　　　　　　　)

※ **제시된 〈풀이〉에 맞게 ( )안의 漢字들을 모두 이용하여 바르게 배열하시오.**

주55. (敬 交 久 善 與 而 人 之)

　　→ (　　　　　　　　　　　)

〈풀이〉사람과 사귐을 잘한다. 오래도록 공경하는구나.

주56. 言不中理 (不 不 言 如)

　　　　→ (　　　　　　　)

〈풀이〉말이 이치에 맞지 않으면 말하지 않는 것만 못하다.

※ **다음 ○에 들어갈 漢字·漢字語를 쓰시오.**

주57. ○人者 不全交 自恕者 不改過　　　(　　　　　　　　　)

주58. ○○而論財 夷虜之道也　　　　　　(　　　,　　　)

※ 다음 문장에서 밑줄 친 부분을 해석하시오.

주59. <u>滿招損 謙受益</u>
　（　　　　　　　　　　　　　　　　　　　　　　　　　　　）

주60. 倉庫漏濫不蓋 <u>鼠雀亂食 爲一耗</u>
　（　　　　　　　　　　　　　　　　　　　　　　　　　　　）

주61. 勸君敬奉老人言 <u>莫敎乳口爭長短</u>
　（　　　　　　　　　　　　　　　　　　　　　　　　　　　）

주62. <u>伯牙善鼓琴 種子期善聽</u>
　（　　　　　　　　　　　　　　　　　　　　　　　　　　　）

주63. <u>不干己事 莫妄爲</u>
　（　　　　　　　　　　　　　　　　　　　　　　　　　　　）

주64. <u>人無百歲人 枉作千年計</u>
　（　　　　　　　　　　　　　　　　　　　　　　　　　　　）

주65. <u>莫喫空心茶 小食中夜飯</u>
　（　　　　　　　　　　　　　　　　　　　　　　　　　　　）

※ 다음 표를 읽고 물음에 답하시오.

학습목표 : 虛字의 쓰임을 알고 문장 풀이에 스스로 활용할 수 있다.
① 접속사 ▶ （ ㉠ ） - 어구와 어구, 문장과 문장을 접속시키며, '~와, ~하고' 등의 뜻으로 쓰인다. ▶ （ ㉡ ） - 조건을 나타내는 접속사로서 '~이면, ~하면'으로 풀이한다. 가정 부사와 호응되기도 한다. ② 종결 어기사 ▶ 也·矣·也已(단정) - 단정, 결정의 뜻을 나타내는 종결 어기사로 '~(하)다, ~(이)다' 등으로 풀이한다. ▶ （ ㉢ ）(한정) - 화자의 생각을 한정지어 나타내는 한정 어기사로 '~일 뿐이다', '~일 따름이다' 등으로 풀이한다. 한정의 뜻을 가진 부사와 호응되기도 한다.

연습문제 **2회**

주66. ㉠에 적절한 漢字를 두 개만 쓰시오.　　　　　　　　　(　　,　　)

주67. ㉡에 적절한 漢字를 한 개만 쓰시오.　　　　　　　　　(　　　)

주68. ㉢에 적절한 漢字를 한 개만 쓰시오.　　　　　　　　　(　　　)

※ **다음 물음에 답하시오.**

주69. 한자·한문의 학업성취도를 평가하기 위한 방법을 두 가지만 쓰시오.
　　(　　　　　　　　　　　,　　　　　　　　　　　　　)

주70. 문장의 구조, 허자의 쓰임, 문장의 형식을 평가하는 바람직한 방법을 제시하시오.
　　(　　　　　　　　　　　　　　　　　　　　　　　　)

3회 국가공인 한자·한문지도사 2급 연습문제

● 객관식 (30문항)

과목1. 한자의 기초

※ 다음 물음에 답하시오.

1. 다음은 어떤 漢字體에 관한 설명이다. ㉠, ㉡에 들어갈 말이 차례로 나열된 것은?

   > 秦나라 시황제 때 재상 李斯는 (㉠)을 간략하게 한 문자를 만들어 황제에게 주청, 이제까지 여러 지방에서 쓰이던 각종 字體를 정리·통일하였다. 이것을 (㉡)이라고 한다.

   ① ㉠-小篆 ㉡-大篆   ② ㉠-大篆 ㉡-小篆
   ③ ㉠-金文 ㉡-楷書   ④ ㉠-楷書 ㉡-金文

2. 다음에서 설명하는 조자원리는?

   > 氵(뜻: 물) + 可(음: 가) = 河(물 하)

   ① 形聲   ② 假借   ③ 象形   ④ 轉注

3. 다음 중 '衷' 자를 玉篇 또는 字典에서 찾을 때의 방법으로 옳은 것은?
   ① 字音색인을 이용할 때는 '충' 음에서 찾는다.
   ② 字音색인을 이용할 때는 '애' 음에서 찾는다.
   ③ 總劃색인을 이용할 때는 9획에서 찾는다.
   ④ 部首색인을 이용할 때는 '衣' 부수의 4획에서 찾는다.

4. 다음에서 설명하는 한자를 부수로 하는 한자는?

   • 釀秬合爲酒以降神秬鬯「說文解字」
   • 울금향으로 빚은 울창주가 술그릇에 담겨있는 모양을 표현한 글자이다.

   ① 鬱   ② 釋   ③ 鼓   ④ 醜

40

5. 다음 중 한자의 지도방법으로 바르지 않은 것은?
   ① 自 : 自는 입을 크게 벌린 모양을 본뜬 글자이다. - 육서법
   ② 柏 : 檀, 梧, 桐, 柏등과 같이 나무를 뜻한다. - 부수활용법
   ③ 慰 : 위로의 뜻을 갖고 있으며, 慰安, 慰問등에 쓰인다. - 용례법
   ④ 齒 : 입안에 나란히 나 있는 이를 표현한 글자이다. - 갑골문 활용법

과목2. 한자의 활용

※ 다음 물음에 답하시오.

6. 다음 중 崩壞와 짜임이 다른 하나는?
   ① 雇庸   ② 敦篤   ③ 畢竟   ④ 翻案

7. 다음 성어 중 나머지와 의미가 다른 것은?
   ① 凍足放尿   ② 姑息之計   ③ 賊反荷杖   ④ 下石上臺

8. 다음 ( )안에 들어가기에 적당한 漢字語는?

   | 좁은 시골 바닥에 그 소문은 내일 아침이면 (   )하게 알려질 사실이었다. |

   ① 播多   ② 播說   ③ 致詞   ④ 把掌

9. 다음 중 한자어의 뜻이 바르지 않은 것은?
   ① 刹那 : 매우 짧은 시간
   ② 亢星 : 붙박이별
   ③ 推移 : 일이나 형편이 시간의 경과에 따라 변하여 나감
   ④ 籠城 : 어떤 목적을 이루기 위하여 한자리를 떠나지 않고 시위함

10. 다음 중 성어의 활용이 잘못된 것은?
    ① 人面獸心의 극악한 사건이 보도되었다.
    ② 재기할 날을 꿈꾸며 수년간 切齒腐心하였다.
    ③ 赤手空拳으로 시작하여 기업의 사장이 되었다.
    ④ 우리나라 대표팀은 優柔不斷 끝에 우승을 차지하였다.

과목3. 한자와 한문

※ 다음 물음에 답하시오.

11. 다음 문장과 對句를 이루는 문장은?

> 月送獨去舟

① 野廣天低樹   ② 風驅群飛雁   ③ 天寒白屋貧   ④ 漁歌月下聞

12. 다음 중 '若'의 활용이 다른 하나는?
① 人間私語 天聽若雷
② 我若被人罵 佯聾不分說
③ 家若貧 不可因貧而廢學
④ 若聽一面說 便見相離別

13. 다음 문장과 구조가 같은 것은?

> 日暮蒼山遠

① 言出難更收   ② 歲去人頭白   ③ 群星陣碧天   ④ 碧海黃龍宅

14. 다음 중 은유의 기법이 사용된 문장은?
① 石蹲壯士拳   ② 月光掃還生   ③ 雨後山如沐   ④ 松葉細似針

15. 다음 중 독음이 바른 것은?
① 雪盡南溪漲 : 설진남계장   ② 吳楚東南坼 : 오월동남척
③ 柳色黃金嫩 : 유색황금눈   ④ 鳥喧蛇登樹 : 조선사등수

16. 다음 중 해석이 가장 적절한 것은
① 栗黃鼯來拾 : 밤이 익자 다람쥐가 와서 줍는다.
② 蕨芽小兒拳 : 미나리 싹은 어린아이 주먹 같다.
③ 花紅黃蜂鬧 : 꽃이 붉으니 노랑나비가 모여든다.
④ 風窓燈易滅 : 바람 부는 창가에서 꺼진 등을 바꾼다.

17. 다음의 주제와 가장 유사한 문장은?

> 春雨如膏 行人惡其泥濘 秋月揚輝 盜者憎其照鑑

① 羊羹雖美 衆口難調
② 來說是非者 便是是非人
③ 春水滿四澤 秋月揚明輝
④ 於我善者 我亦善之 於我惡者 我亦善之

※ 다음 글을 읽고 물음에 답하시오.

> 崔茂宣 ㉠性巧慧 多方略 喜談兵法 嘗曰 ㉡制倭船 莫若火藥 國人未有知者 茂宣 每見商客㉢自江南來者 便問火藥之法 有一商 以粗知㉣對 請置其家 給養衣食 累旬詳問 頗得要領

18. 윗글에 나타난 최무선에 대한 설명으로 적절하지 않은 것은?
① 병법에 관심이 많았다.
② 화약의 필요성을 절감하였다.
③ 상인에게 음식을 제공했다.
④ 결국 국내의 화약전문가를 찾았다.

19. ㉠~㉣에 대한 풀이로 적절하지 않은 것은?
① ㉠-性格 ② ㉡-制壓 ③ ㉢-自己 ④ ㉣-對答

※ 다음 한시를 읽고 물음에 답하시오.

> (가) ㉠慈親鶴髮在ⓐ臨瀛 身向ⓑ長安獨去情
>   ㉡回首北村時一望 ㉢白雲飛下暮山靑
>
> (나) 一萬二千峰 高低自不同
>   君看日輪上 何處最先紅

20. 한시 (가)에 대한 설명으로 적절하지 않은 것은?
① 율곡 이이의 작품이다.
② ㉠으로 보아 어머니가 연로하여 기력이 쇠하였음을 짐작할 수 있다.
③ ㉡에는 시적화자의 무거운 발걸음이 엿보인다.
④ ㉢으로 보아 어느덧 꽤나 먼 거리를 걸어왔음을 알 수 있다.

21. ⓐ와 ⓑ가 지칭하는 地名을 차례로 배열한 것은?
   ① ⓐ 서울 ⓑ 천안
   ② ⓐ 서울 ⓑ 강릉
   ③ ⓐ 천안 ⓑ 강릉
   ④ ⓐ 강릉 ⓑ 서울

22. 한시 (나)의 제목으로 적절한 것은?
   ① 智異山   ② 白頭山   ③ 金剛山   ④ 雪嶽山

※ 다음 글을 읽고 물음에 답하시오.

> (가) 戊戌十月 追至南海界 良久接戰 公 親射敵 有飛丸 ㉠中其胸 左右扶入船室 公曰 戰方急 (ⓐ   )
>
> (나) 李忠武公 旣㉡出身 ㉢不事求仕 文成公 爲判書 聞公爲人 ㉣因人求見 公不悅曰 同宗則可相見 位在大臣則不可見

23. ⓐ에 들어갈 내용으로 적절한 것은?
   ① 황금 보기를 돌 같이 하라.
   ② 나의 죽음을 알리지 마라.
   ③ 10만의 군사를 양성해야 한다.
   ④ 뭉치면 살고 흩어지면 죽는다.

24. (나)에서 부각하고 있는 인물의 특징은?
   ① 貪官   ② 淸廉   ③ 勇猛   ④ 柔弱

25. ㉠~㉣의 뜻으로 적절하지 않은 것은?
   ① ㉠-가슴에 맞았다.
   ② ㉡-벼슬에서 물러남
   ③ ㉢-벼슬 구하기를 일삼지 않았다.
   ④ ㉣-사람을 통해 보기를 원하다.

※ 다음 물음에 답하시오.

26. 한자어에 대한 설명으로 바르지 않은 것은?
   ① 순우리말 어휘에 비해 음절이 많다.
   ② 우리말 어휘의 많은 부분을 차지한다.
   ③ 음은 같지만 뜻이 다른 어휘들이 있다.
   ④ 국어의 음운 법칙과 밀접하게 관련 되어 있다.

※ 다음 물음에 답하시오.

27. 다음 한자·한문교육의 필요성에 대한 설명 중 설득력이 떨어지는 것은?
   ① 동양문화권의 이해를 위해서도 필요하다.
   ② 전통문화를 올바르게 이해하고 이를 계승하기 위해 필요하다.
   ③ 우리 국어의 올바른 이해와 표현, 그리고 어휘력 신장에 도움이 된다.
   ④ 분단 후 한자교육을 시행하지 않은 북한의 문화수준을 고려하면 한자·한문교육의 필요성을 알 수 있다.

28. 평생교육이 등장하게 된 배경으로 적절하지 않은 것은?
   ① 여가시간의 증가
   ② 급변하는 생활양식
   ③ 학교교육의 유연성과 개방성
   ④ 지식과 정보의 폭발적 증가

29. 다음 중 '평생교육법'상 평생교육의 교육과정으로 적절하지 않은 것은?
   ① 학교정규교육
   ② 문화예술교육
   ③ 직업능력향상교육
   ④ 성인기초·문자해득교육

30. 다음에서 설명하고 있는 평생교육의 특성은?

   > 평생교육체제는 성·계급·종교·연령·학력에 관계없이 누구나 자신의 삶의 질을 향상시키기 위해 계속하여 교육을 받을 수 있는 체제를 수립하고자 한다.

   ① 총체성   ② 민주성   ③ 통합성   ④ 유연성

● 주관식 (70문항)

과목1. 한자의 기초

※ **다음 물음에 답하시오.**

주1. 다음 漢字의 部首와 部首의 훈음을 쓰시오.

顧 (부수:　　　　　부수의 훈음:　　　　　　)

※ **다음 표를 보고 물음에 답하시오.**

한자	풀이	조자원리
龜	거북이의 모양을 본뜬 글자이다.	㉠
麒	기린은 사슴과 비슷한 초식동물로, 麒는 (㉡)部에 속하며, 其는 (㉢)을 나타낸다.	형성

주2. ㉠에 들어갈 알맞은 조자 원리를 쓰시오.　　　　　(　　　　　　)

주3. ㉡과 ㉢에 들어갈 알맞은 내용을 차례대로 쓰시오. (㉡　　　, ㉢　　　)

※ **다음은 하나의 漢字가 활용된 용례이다. 물음에 답하시오.**

한자	용례1	훈음1	용례2	훈음2
省	省略	덜 생	省墓	살필 성
殺	殺傷	ⓐ	減殺	ⓑ
辰	壬辰	ⓒ	生辰	ⓓ

주5. ⓐ, ⓑ에 알맞은 훈음을 차례로 쓰시오.
　　(ⓐ　　　　　,ⓑ　　　　　　)

주6. ⓒ, ⓓ에 알맞은 훈음을 차례로 쓰시오.
　　(ⓒ　　　　　,ⓓ　　　　　　)

※ 다음 □안에 類義字를 넣어 한자어를 완성하시오.

주6. 貢□   (   )

주7. 貯□   (   )

※ 다음을 읽고 물음에 답하시오.

> 稀㉠釋은 近世에 들어서 西洋의 化學이 ㉡伝来되면서 만들어진 낱말로, 溶液의 ㉢濃度를 묽게 하는 뜻을 가지고 있다.

주8. ㉠을 簡體字로 바꾸어 쓰시오.   (   )

주9. 略字로 되어있는 ㉡을 正字로 바꾸어 쓰시오.   (   )

주10. ㉢과 뜻이 반대(상대)되는 漢字를 쓰시오.   (   )

과목2. 한자의 활용

※ 다음 물음에 답하시오.

주11. 다음 한자어의 짜임을 쓰시오.

　　　'招聘' (관계)

주12. '暫時'의 類義語를 漢字로 쓰시오.   (   )

주13. '直接'의 反義語를 漢字로 쓰시오.   (   )

주14. 다음 □안에 공통으로 들어갈 漢字를 쓰시오.   (   )

> 遠□   □離   □意

※ 설명에 맞게 의미가 비슷한 한자끼리 결합하여 이루어진 단어를 漢字로 쓰시오.

주15. (   ) : 지체가 높은 사람을 찾아가 뵘

주16. (   ) : 영화나 연극 등에서 극중의 인물로 분하여 연기하는 사람

※ **다음 문장의 밑줄 친 단어를 문맥에 맞게 漢字로 쓰시오.**

주17. 올림픽 선수단이 열렬한 환영 속에 <u>개선</u>했다. （　　　　　）

주18. 소비자를 위해 유통구조가 <u>개선</u>되어야 한다. （　　　　　）

※ **다음 문장에서 잘못 표기된 漢字를 바르게 고쳐 쓰시오.**

주19. 唐尿에는 식이요법과 운동이 필요하다. （　　→　　）

주20. 移事를 가기위해 집값을 알아보았다. （　　→　　）

※ **다음 문장을 읽고 물음에 답하시오.**

> □□□□에 ㉠<u>호흡</u>을 閉蟄한 것이 彼一時의 勢ㅣ라 하면 和風暖陽에 氣脈을 ㉡<u>振舒</u>함은 此一時의 勢ㅣ니, 天地의 復運에 際하고 世界의 變潮를 乘한 吾人은 아모 躊躇할 것 업스며, 아모 忌憚할 것 업도다. 我의 固有한 自由權을 護全하야 生旺의 樂을 ㉢<u>飽享</u>할 것이며, 我의 自足한 獨創力을 ㉣<u>발휘</u>하야 春滿한 大界에 民族的 精華를 結紐할지로다.

주21. ㉠을 漢字로 쓰시오. （　　　　　）

주22. ㉡의 독음을 쓰시오. （　　　　　）

주23. ㉢의 뜻을 쓰시오. （　　　　　）

주24. ㉣을 漢字로 쓰시오. （　　　　　）

주25. □□□□에 들어갈 '얼어붙은 얼음과 차가운 눈'이라는 뜻의 심한 추위를 이르는 성어를 漢字로 쓰시오. （　　　　　）

과목3. 한자와 한문

※ 다음 글을 읽고 물음에 답하시오.

> (가) 窮人之事 飜亦破鼻
> (나) 一日之狗不知畏虎
> (다) 水隨方圓之器 人依善惡之(㉠)
> (라) 言勿異於行 行勿異於言

주26. (가)과 어울리는 우리말 속담을 쓰시오.
( )

주27. (나)과 어울리는 우리말 속담을 쓰시오.
( )

주28. ㉠에 알맞은 漢字를 쓰시오. ( )

주29. (라)와 어울리는 4음절의 한자어를 漢字로 쓰시오. ( )

※ 다음 漢詩를 읽고 물음에 답하시오.

> (가)　　林亭秋已晚　　㉠소객意無窮
> 　　　　遠水連天碧　　霜楓向日紅
> 　　　　山吐孤輪(ⓐ)　　江含萬里風
> 　　　　㉡塞鴻何處去　　聲斷暮雲中
> (나)　㉢(ⓑ)明愛無眠　　花落憐不掃

주30. 계절의 특징이 시각적 이미지를 통해 가장 잘 나타나 있는 구절을 (가)에서 찾아 해석하시오. ( )

주31. ㉠을 漢字로 쓰시오. ( )

주32. ㉡의 독음을 쓰시오. ( )

주33. ⓐ와 ⓑ에 공통으로 들어갈 漢字를 쓰시오. ( )

※ 다음 글을 읽고 물음에 답하시오.

> (가) 擊壤詩云 平生不作㉠추미事 世上 應無切ⓐ齒人 大名㉡豈有鐫 頑石 路上行人㉢口勝碑
>
> (나) 曾子曰 朝廷 莫如爵 鄕黨 莫如ⓑ齒 輔世長民 莫如德

주34. ㉠을 漢字로 쓰시오. (   )

주35. ⓐ와 ⓑ의 뜻을 각각 쓰시오. (ⓐ   , ⓑ   )

주36. ㉡의 독음을 쓰시오. (   )

주37. ㉢의 뜻을 쓰시오. (   )

※ 다음 글을 읽고 물음에 답하시오.

> 高句麗平原王之女 幼時 好啼 王戱曰 以汝 將㉠歸愚溫達 及長 欲下嫁于上部高氏 女以王不可㉡食言 ㉢고사 終爲溫達之妻 蓋溫達 家貧 行乞養母 時人 目爲愚溫達也 一日 溫達 自山中 負楡皮而來 王女訪見曰 ㉣吾乃子之匹也 乃賣首飾 而買田宅器物頗富 多養馬 以資溫達 終爲顯榮

주38. ㉠과 같은 뜻의 漢字를 본문에서 찾아 쓰시오. (   )

주39. ㉡의 뜻을 쓰시오. (   )

주40. 문맥을 고려하여 ㉢을 漢字로 쓰시오. (   )

주41. ㉣을 해석하시오. (   )

※ 다음 글을 읽고 물음에 답하시오.

> 神宗皇帝御製曰 遠非道之財 戒㉠과도之酒 居必擇隣 交必擇友 嫉妬 勿起於心 讒言勿宣於口 ㉡骨肉貧者 莫㉢疎 他人富者 莫厚 克己 以勤儉爲先 愛衆以謙和爲首 ㉣常思已往之非 每念未來之咎 ㉤若依朕之斯言 治國家而可久

주42. ㉠을 漢字로 쓰시오.   (   )

주43. 문맥상 ㉡의 뜻을 쓰시오.   (   )

주44. 문맥상 ㉢의 뜻을 2음절의 한자어로 쓰시오.   (   )

주45. ㉣을 해석하시오.   (   )

주46. 문맥상 ㉤의 뜻을 쓰시오.   (   )

※ **다음 글을 읽고 물음에 답하시오.**

> (가) 短池㉠孤草長
>
> (나) 秋風唯苦吟 世路少㉡지음

주47. (가)는 우리말을 활용한 해학적인 문장이다. ㉠이 나타내는 3음절의 우리말을 쓰시오.   (   )

주48. ㉡을 漢字로 쓰시오.   (   )

※ **다음 글을 읽고 물음에 답하시오.**

> 一日 母病索非時之紅柿 都彷徨柿林 不覺日昏 ㉠有虎屢遮前路 以示乘意 都乘至百餘里山村 訪人家㉡투숙 俄而主人 饋祭飯而有紅柿 都喜 問柿之來歷 且述己意 答曰 亡父嗜柿 故每秋 擇柿二百個 藏諸窟中 而至此五月 則完者不過七八 今得五十個完者 故 心㉢異之 是天感君孝 遺以二十顆

주49. 윗글의 주제어를 본문에서 찾아 쓰시오.   (   )

주50. 윗글에서 인물이 감을 얻게 되는 과정을 표현하기에 적절한 성어를 漢字로 쓰시오.
                                           (   )

주51. ㉠의 이유를 간략히 쓰시오.   (   )

주52. ㉡을 漢字로 쓰시오.   (   )

주53. 문맥상 ㉢의 뜻을 쓰시오.   (   )

※ 제시된 <풀이>에 맞게 ( )안의 漢字들을 모두 이용하여 바르게 배열하시오.

주54. (骨 難 畵 畵 畵 皮 虎)

→ (   )

<풀이> 범을 그리는데 가죽을 그릴 수 있어도 뼈를 그리기 어렵다.

주55. (去 獨 送 月 舟)

→ (   )

<풀이> 달은 홀로 가는 배를 보낸다.

※ 다음 ○에 들어갈 漢字·漢字語를 쓰시오.

주56. 狗走梅花落 ○行竹葉成   (   )

주57. 花有重開日 人無更○○   (,   )

주58. 馬行駒隨後 ○耕犢臥原   (   )

※ 다음 문장에서 밑줄친 부분을 해석하시오.

주59. 久住令人賤 <u>頻來親也疎</u>
(   )

주60. <u>風梳楊柳髮</u>
(   )

주61. <u>暗室欺心</u> 神目如電
(   )

주62. <u>勿使悲歡極</u> 當令飮食均
(   )

주63. <u>酒有成敗而不可泛飮之</u>
(   )

주64. 學而智遠 <u>如披祥雲而觀靑天</u>
　　（　　　　　　　　　　　　　　　　　　　　　　　　）

주65. <u>夏雲多奇峯</u>
　　（　　　　　　　　　　　　　　　　　　　　　　　　）

※ **다음은 고등학교 교육과정 해설서의 내용이다. 물음에 답하시오.**

> (가) (㉠)중심지도법 : (㉡)의 의미를 중심으로 한자를 쉽고 재미있게 익힌다.
> 　　예) '貝' 部 : 財 → 貧 → 貨 → 貴
> (나) (　㉢　) : 한자를 서로 결합하여 의미를 점차 넓혀 나가는 학습법이다.
> 　　예) 敎 → 敎育 → 敎育學 → 敎育學博士
> (다) (　㉣　) : 신문, 서적, 표지판 등에서 학습한 한자를 찾아보게 하는 방법으로 과제 학습으로 적절하다.

주66. ㉠, ㉡에 공통으로 들어갈 2음절의 한자어를 漢字로 쓰시오.
　　　　　　　　　　　　　　　　　　　　　　　（　　　　　　　）

주67. ㉢에 들어갈 지도 방법을 쓰시오.　　　　　（　　　　　　　）

주68. ㉣에 들어갈 지도 방법을 쓰시오.　　　　　（　　　　　　　）

※ **다음 물음에 답하시오.**

주69. 漢詩의 학습정도를 평가할 때, 가장 중점적으로 다루어야 할 것은?
　　（　　　　　　　　　　　　　　　　　　　　　　　　）

주70. 다음 조건에 해당하는 자격을 갖춘 자를 무엇이라 하는가? (　　　　　　　)

> (가) 「고등교육법」 제2조에 따른 학교(이하 "대학"이라 한다) 또는 이 법 시행 당시 종전의 제22조제3항에 따른 원격대학형태의 평생교육시설에서 학위과정으로 평생교육과 관련된 과목을 일정한 학점 이상 이수한 자
> (나) 그 밖에 대통령령으로 정하는 자격요건을 갖춘 자

4회 국가공인 한자·한문지도사 2급 연습문제

● 객관식 (30문항)

과목1. 한자의 기초

※ 다음 물음에 답하시오.

1. 서체의 변천과정을 바르게 나열한 것은?
   ① 楷書-隷書-篆書-行書
   ② 草書-行書-楷書-隷書
   ③ 隷書-楷書-篆書-草書
   ④ 篆書-隷書-楷書-行書

2. 다음 중 漢字의 짜임이 나머지 넷과 다른 것은?
   ① 膏   ② 珏   ③ 覆   ④ 薰

3. 다음 중 옥편(玉篇) 또는 자전(字典)에서 활용한 예로 적절하지 않은 것은?

번호	찾을 한자	방법	검색
①	刻	부수	刀
②	隔	독음	융
③	局	독음	국
④	麗	총획	19

4. 다음의 설명에 해당하는 한자는?

甲骨文	金文	풀이
		고기를 담는 식기의 모양을 본뜸

   ① 臼   ② 豆   ③ 瓦   ④ 酉

5. 다음 중 類義字의 연결이 바르지 않은 것은?
   ① 怠-慢   ② 蓄-積   ③ 緩-急   ④ 純-潔

과목2. 한자의 활용

※ **다음 글을 읽고 물음에 답하시오.**

> 劉備가 諸葛孔明을 세 번이나 찾아가 軍師로 ㉠招聘한 데서 由來한 말로, '임금의 두터운 사랑을 입다.' 라는 뜻과 人材를 얻기 위해 참을성 있게 힘쓴다는 뜻을 가진다.

6. ㉠과 한자어의 짜임이 다른 하나는?
   ① 貧窮　　② 停止　　③ 鼻腔　　④ 承繼

7. 위 고사에서 유래한 성어는?
   ① 三顧草廬　　② 四面楚歌　　③ 四顧無親　　④ 韋編三絶

※ **다음 물음에 답하시오.**

8. 다음 중 한자 표기가 바르지 않은 것은?
   ① 奎章閣　　② 短髮令　　③ 成均館　　④ 斥和碑

9. 다음 설명에 맞는 漢字語는?

> 물가나 주식 따위의 시세가 떨어지다가 오름

   ① 反登　　② 反騰　　③ 急登　　④ 暴騰

10. 다음 중 성어의 활용이 잘못된 것은?
    ① 이번 일을 계기로 心機一轉하여 더욱 분발할 것이다.
    ② 남북이산가족 상봉행사로 寤寐不忘 그리던 노모를 만나게 되었다.
    ③ 동계올림픽의 白眉는 피겨스케이팅이다.
    ④ 그의 허황된 꿈은 臨渴掘井이 되어버렸다.

과목3. 한자와 한문

※ **다음 물음에 답하시오.**

11. 다음과 對句를 이루는 문장은?

   | 花有重開日 |

   ① 鳥逐花間蝶   ② 人無更少年   ③ 鳥飛枝二月   ④ 風來水面時

12. 다음 문장과 문장구조가 같은 것은?

   | 山吐孤輪月 |

   ① 花有重開日   ② 桃梨千機錦   ③ 明月水中珠   ④ 鳥逐花間蝶

13. 다음 문장의 □에 공통으로 들어가기에 알맞은 한자는?

   (가) 群□陣碧天
   (나) □作絶纓珠

   ① 月   ② 日   ③ 星   ④ 雨

14. 다음 중 밑줄 친 '與' 의 활용이 나머지와 다른 것은?
   ① <u>與</u>人同處 不可自擇便利
   ② 晏平仲 善<u>與</u>人交 久而敬之
   ③ <u>與</u>其病後能服藥 不若病前能自防
   ④ <u>與</u>善人居 如入芝蘭之室 久而不聞其香 卽與之化矣

15. 다음 중 해석이 바르지 않은 것은?
   ① 雨脚尺天地: 주룩주룩 내리는 비는 하늘과 땅을 자로 재는 것 같고
   ② 歲去人頭白: 세월이 가니 사람의 머리가 희어지고
   ③ 國亂思良相: 나라가 어지러우면 어진 임금을 생각하고
   ④ 靑春不再來: 젊은 시절은 다시 오지 않는다.

16. 다음 중 은유적 표현을 사용한 문장은?
   ① 日月似兄弟   ② 水連天共碧   ③ 平原芳草綠   ④ 白蝶紛紛雪

17. 다음 문장과 관련된 속담은?

> 水去不復回 言出難更收

① 소문난 잔치에 먹을 것 없다.
② 등잔 밑이 어둡다.
③ 천리길도 한 걸음부터
④ 낮말은 새가 듣고 밤말은 쥐가 듣는다.

※ 다음 글을 읽고 물음에 답하시오.

> 太公曰 時熟不收 爲一盜 收積不了 爲二盜 無事燃燈㉠寢睡 爲三盜 (중략) 太公曰 ㉡倉庫漏濫不蓋 鼠雀亂食 爲一耗 收種㉢失時 爲二耗 ㉣抛撒米穀穢賤 爲三耗

18. 윗글의 주제어로 적당한 것은?
① 勤儉   ② 勸學   ③ 孝道   ④ 清廉

19. ㉠~㉣ 중 한자어의 짜임이 나머지와 다른 것은?
① ㉠   ② ㉡   ③ ㉢   ④ ㉣

※ 다음 글을 읽고 물음에 답하시오.

> ㉠洪公耆燮 少貧甚無聊 一日朝 婢兒踊躍獻七兩錢曰 此在鼎中 米可數ⓐ石 柴可數駄 天賜天賜 公驚曰 是何金 卽書失金人推去等字 付之門楣而待 俄而姓劉者 來問㉡書意 公悉言之 劉曰 理無失金於人之鼎內 ⓑ果天賜也 盍取之 公曰 非吾物 何 劉俯伏曰 ⓒ小的 昨夜 爲竊鼎來 還憐家勢ⓓ蕭條而施之 今感公之廉价 (㉢) 自發 誓不更盜 願欲常侍 勿慮取之 公卽還金曰 汝之爲良則善矣 金不可取 終不受 後公爲判書 其子在龍 爲憲宗㉣國舅 ㉤劉亦見信 身家大昌

20. ㉠의 특징을 표현하기에 가장 적절한 것은?
① 清廉潔白   ② 貪官污吏   ③ 子子單身   ④ 外柔內剛

21. ㉡의 내용으로 적절한 것은?
① 금을 문설주에 두고 가시오.
② 하늘이 우리에게 금을 주셨소.
③ 금을 잃어버린 사람은 찾아가시오.
④ 훔쳐간 물건을 도로 갖다 놓으시오.

22. ⓒ에 가장 적절한 단어는?
   ① 良心   ② 關心   ③ 寬容   ④ 恩惠

23. ㉣의 뜻으로 적절한 것은?
   ① 임금의 삼촌   ② 임금의 사위   ③ 임금의 장인   ④ 임금의 친구

24. ㉤의 행동을 표현하기에 가장 적절한 것은?
   ① 口蜜腹劍   ② 改過遷善   ③ 苦盡甘來   ④ 轉禍爲福

25. 문맥상 ⓐ~ⓓ의 뜻으로 적절하지 않은 것은?
   ① ⓐ : 열 말   ② ⓑ : 정말로   ③ ⓒ : 어릴 때   ④ ⓓ : 형편이 어렵다

※ 다음 글을 읽고 물음에 답하시오.

26. 한자교육에 대한 설명으로 바르지 않은 것은?
   ① 우리말의 이해에 도움을 준다.
   ② 중국어 학습의 기초에 도움이 된다.
   ③ 다른 교과의 학습에는 영향을 미치지 않는다.
   ④ 선인들의 삶과 지혜, 사상과 감정을 이해하는데 도움을 준다.

27. 한자, 한문의 평가 방법으로 타당한 것은?
   ① 한자는 한자의 짜임, 부수, 획수, 필순 등의 평가에 중점을 둔다.
   ② 고사성어는 각 한자의 훈음을 알고 있는지의 평가에 중점을 둔다.
   ③ 한시는 한시의 형식과 수사법을 정확히 알고 있는지를 가장 중점적으로 평가한다.
   ④ 한문은 한문 문장을 통해 건전한 가치관을 형성하며, 전통 문화의 계승 발전에 기여할 수 있는지에 대해서도 평가한다.

28. 다음 중 평생교육진흥을 위한 방안의 예로 가장 적절한 것은?
   ① 입학사정관제   ② 기부입학제   ③ 독학학위제   ④ 바우처제도

29. 다음 중 '평생교육법'상 평생교육기관의 교육과정으로 편성이 가능한 것은?
   ① 문자해득교육 프로그램의 교육과정
   ②「유아교육법」제2조제1호에 따른 유아 대상 교습과정
   ③「초·중등교육법」제23조제3항에 따른 학교교육 과정
   ④「장애인 등에 대한 특수교육법」제15조1항 각 호의 어느 하나에 해당하는 장애가 있는 자를 대상으로 하는 교습과정

30. '학점은행제'에 대한 설명으로 적절하지 않은 것은?
    ① 고학력사회를 조장한다는 단점이 있다.
    ② 국민의 평생학습권을 보장하려는데 그 목적이 있다.
    ③ 각종 교육기관들의 연계를 통해 교육의 효율성을 증대시킨다.
    ④ 평생교육기관들의 교육이수결과를 대학의 학점에 준하여 인정해 주는 제도이다.

● 주관식 (70문항)

과목I. 한자의 기초

※ 다음 물음에 답하시오.

주1. 다음 漢字의 部首와 총획수를 쓰시오. 단, 부수가 변형되어 쓰인 경우에는 부수의 원형을 쓰시오. (예: 扌→手)

階 (부수: 총획수: 획)

※ 다음 표는 漢字의 서체변천과정을 나타낸 것이다. 표를 보고 물음에 답하시오.

金文	小篆	隸書	(㉠)

주2. ㉠에 들어갈 내용을 漢字로 쓰시오.   (   )

주3. 위 표에서 나타내는 漢字의 훈음을 쓰시오.   (   )

※ 다음을 읽고 물음에 답하시오.

- □은 음과 뜻이 여러 개인 글자이다.
  용례① 膾□ : '회와 구운 고기'라는 뜻으로, 칭찬을 받으며 사람의 입에 자주 오르내림을 이르는 말
  용례② 散□ : 쇠고기 따위를 길쭉길쭉하게 썰어 갖은 양념을 하여 대꼬챙이에 꿰어 구운 음식

주4. □에 공통으로 들어갈 漢字를 쓰시오.   (   )

주5. 용례①에서 사용된 □의 훈과 음을 쓰시오.   (   )

주6. 용례②에서 사용된 □의 훈과 음을 쓰시오.   (   )

※ 다음 □안에 類義字를 넣어 한자어를 완성하시오.

주7. □愁   (   )

주8. □鍊   (   )

※ 다음 漢字를 簡體字로 쓰시오.

주9. 館 :   (   )

주10. 難 :   (   )

과목2. 한자의 활용

※ 다음 漢字語의 짜임을 쓰시오.

주11. '犯法' (관계)

주12. '極甚' (관계)

※ 설명에 맞게 의미가 상대되는 한자끼리 결합하여 이루어진 단어를 漢字로 쓰시오.

주13. (   ) : 느림과 빠름

주14. (   ) : 날줄과 씨줄

※ 다음 주어진 漢字語와 반대의 뜻을 가진 漢字語를 漢字로 쓰시오.

주15. 榮轉 ↔ (좌천)   (   )

주16. 挫折 ↔ (관철)   (   )

※ 다음 □안에 공통으로 들어갈 漢字를 쓰시오.

주17. 傾□   □陽   □線   (   )

주18. 寄□   □與   □呈   (   )

※ **다음 문장에서 잘못 표기된 漢字를 바르게 고쳐 쓰시오.**

주19. 이 사건은 卒速으로 처리되었다. (→)

주20. 정당간의 牽除와 균형의 원칙은 꼭 필요하다. (→)

※ **다음 물음에 답하시오.**

주21. 다음 □□에 들어갈 '본보기'의 뜻을 가진 성어를 漢字로 쓰시오.
( )

> 심청의 효행은 많은 사람들에게 □□이 된다.

주22. 다음 문장의 밑줄 친 부분에 해당하는 성어를 漢字로 쓰시오.
( )

> 『후한서』「陳寔傳」에 나오는 말로, <u>들보 위의 군자</u>라는 뜻으로, 도둑을 완곡하게 이르는 말

※ **다음 글을 읽고 물음에 답하시오.**

> 조카인 성왕을 도와 ㉠<u>섭정</u>하며 주왕조의 ㉡<u>기반</u>을 굳건히 다진 주공단은 다음과 같은 말을 했다. "㉢<u>나는 한 번 씻을 때 세 번 머리를 거머쥐고 한 번 먹을 때 세 번 음식을 뱉으면서 천하의 현명한 사람들을 놓치지 않으려고 했다.</u>"

주23. ㉠을 漢字로 쓰시오. ( )

주24. ㉡을 漢字로 쓰시오. ( )

주25. ㉢에서 유래한 사자성어를 漢字로 쓰시오. ( )

과목3. 한자와 한문

※ 다음 글을 읽고 물음에 답하시오.

> (가) 隨友適江南
> (나) 遠親不如近(㉠)
> (다) 我腹旣飽 不察奴飢
> (라) ㉡寧測十丈水深 難測一丈人深

주26. (가)에 어울리는 우리말 속담을 쓰시오.
(   )

주27. ㉠에 알맞은 漢字를 쓰시오. (   )

주28. (다)의 뜻과 반대의 뜻을 갖는 사자성어를 漢字로 쓰시오. (   )

주29. 문맥에 맞게 ㉡의 훈과 음을 쓰시오. (   )

※ 다음 漢詩를 읽고 물음에 답하시오.

> (가) 未圓常恨就圓遲　㉠圓後如何易就虧
>   三十夜中圓一夜　百年心事摠如斯
> (나) 神策究天文　妙算窮地理
>   戰勝功旣高　㉡知足願云止

주30. (가)는 무엇을 보고 지은 詩인가? (   )

주31. ㉠을 해석하시오.
(   )

주32. (가)의 형식을 漢字로 쓰시오. (   )

주33. (나)를 지은 고구려 시대의 장군의 이름을 쓰시오. (   )

주34. ㉡을 해석하시오.
(   )

※ 다음 글을 읽고 물음에 답하시오.

(가) 宋王逵言 ㉠鷄鴨家畜不能飛 其他㉡야금 皆能飛 余見 家鴨 放之野水 久則能遠飛 蓋家畜 不能飛者 以飮啄不潔故也

(나) 熊川州 有向得舍知者 年凶 其父幾於餒死 向得 ㉢割股以給養 州人 具事奏聞 ㉣景德王 賞賜租五百石

주35. ㉠의 이유를 본문에서 찾아 간략히 쓰시오.
(   )

주36. ㉡을 漢字로 쓰시오.   (   )

주37. ㉢을 해석하시오.   (   )

주38. ㉣의 이유를 간략히 쓰시오.   (   )

※ 다음 글을 읽고 물음에 답하시오.

(가) ㉠時來風送滕王閣 運退雷轟薦福碑

(나) 列子曰 痴聾瘖啞 家㉡호부 智慧聰明却受貧 年月日時 該載定 算來由命不由人

주39. ㉠의 고사와 관련된 인물의 이름을 쓰시오.   (   )

주40. ㉡을 漢字로 쓰시오.   (   )

주41. (가)의 주제어로 적절한 漢字를 (나)에서 찾아 쓰시오.   (   )

※ 다음 글을 읽고 물음에 답하시오.

兒曹出千言 君聽常不厭 父母一開口 便㉠道多㉡閑管 非閑管親掛牽 ㉢皓首白頭多諳練 勸君敬奉老人言 莫敎乳口爭長短.

주42. 문맥상 ㉠의 뜻을 쓰시오.   (   )

주43. ⓒ의 뜻을 3음절의 순우리말로 쓰시오.　　　　　　　　(　　　　　　　)

주44. ⓒ의 의미와 유사한 사자성어를 漢字로 쓰시오.　　　　　(　　　　　　　)

※ **다음 글을 읽고 물음에 답하시오.**

> 洪相國 瑞鳳之大夫人 家甚貧 ㉠疏食菜羹 每多空乏 一日遣婢買肉而來 見肉色 似有毒 問婢曰 ㉡所買之肉 有幾許塊耶 乃賣㉢소식得錢 ㉣使婢盡買其肉 而埋于墻下 恐他人之買食生病也 相國曰 母氏此心 可通神明 子孫必昌

주45. ㉠과 상대(반대)되는 뜻을 지닌 사자성어를 한자로 쓰시오. (　　　　　　)

주46. ㉡을 해석하시오.
(　　　　　　　　　　　　　　　　　　　　　　　　　　　)

주47. ㉢을 漢字로 쓰시오.　　　　　　　　　　　　　　　　(　　　　　　　)

주48. ㉣의 이유를 본문에서 찾아 해석하시오.
(　　　　　　　　　　　　　　　　　　　　　　　　　　　)

※ **다음 글을 읽고 물음에 답하시오.**

> 有㉠一童 夜於燈下讀書 問其母曰 物何以能有影 影何以有大小 其母曰 凡不㉡투광之物 置於燈前 燈光 必爲物所蔽 其所蔽之處 卽爲影 物離燈光 近則其影大 物離燈光 (　㉢　)則其影小 童 以手 於燈前 作影而試之 ㉣果如其母所言

주49. 윗글에서 ㉠이 궁금해 하고 있는 두 가지를 간략히 쓰시오.
(　　　　　　　　　　　　　　　　　　　　　　　　　　　)

주50. ㉡을 漢字로 쓰시오.　　　　　　　　　　　　　　　　(　　　　　　　)

주51. ㉢에 알맞은 漢字를 쓰시오.　　　　　　　　　　　　　(　　　　　　　)

주52. 문맥상 ㉣의 뜻을 쓰시오.　　　　　　　　　　　　　　(　　　　　　　)

※ **다음 글을 읽고 물음에 답하시오.**

> 楚人 有鬻盾與矛者 譽之曰 吾盾之堅 莫能陷也 又譽其矛曰 吾矛之㉠利 於物 無不陷也 或曰 以子之(㉡) 陷子之(㉢) 何如 其人 弗能應也

주53. ㉠의 뜻을 2음절의 한자어로 쓰시오. (   )

주54. ㉡과 ㉢에 알맞은 漢字를 차례대로 쓰시오. (㉡   , ㉢   )

※ **제시된 <풀이>에 맞게 ( )안의 漢字들을 모두 이용하여 바르게 배열하시오.**

주55. (顔 飮 人 赤 酒) → (   )

　　<풀이> 술을 마시니 사람 얼굴이 붉다.

주56. (脚 雨 地 尺 天) → (   )

　　<풀이> 주룩주룩 내리는 비는 하늘과 땅을 자로 재는 것 같고

※ **다음 ○에 들어갈 漢字 또는 漢字語를 쓰시오.**

주57. 細雨池中看 微○木末知　　　　　　　　　　(   )

주58. ○○揚明揮 冬嶺秀孤松　　　　　　　　　　(,   )

※ **다음 문장에서 밑줄 친 부분을 해석하시오.**

주59. <u>使民各得輸其情</u>
(   )

주60. 大丈夫 當容人 <u>無爲人所容</u>
(   )

주61. <u>爐寒火尚存</u>
(   )

주62. 見善如渴 <u>聞惡如聾</u>
(   )

주63. 見善如不及 見不善如探湯
( )

주64. 萬事分已定 浮生空自忙
( )

주65. 讐怨 莫結 路逢狹處 難回避
( )

※ 다음 표를 읽고 물음에 답하시오.

형식	예문
학습목표 : 문장의 형식을 알고 문장 풀이에 스스로 활용한다.	
형식	예문
평서형	可謂好學也已 寒暑易節, 始一反焉
(㉠)	讀書何爲 漢陽中誰最富
(㉡)	上善若水 至樂莫如讀書
(㉢)	唯仁者, 能好人能惡人 但無錢耳

주66. ㉠에 알맞은 문장의 형식을 쓰시오. ( )

주67. ㉡에 알맞은 문장의 형식을 쓰시오. ( )

주68. ㉢에 알맞은 문장의 형식을 쓰시오. ( )

※ 한문교육론에 관한 문제이다. 다음에 설명하는 기관 혹은 제도를 답하시오.

주69. 국민의 평생교육을 촉진하고 인적 자원의 개발·관리를 위하여 개인의 학습경험을 종합적으로 집중관리하려는 취지의 제도는? ( )

주70. 국가 차원의 평생교육 관련 업무를 전담 운영 할 수 있도록 평생교육센터, 학점은행센터, 독학위검정원(방송대)을 개편하여 운영하는 기구는?
( )

5회 국가공인 한자·한문지도사 2급 연습문제

● 객관식 (30문항)

과목1. 한자의 기초

※ 다음 물음에 답하시오.

1. 서체의 변천과정을 생각할 때 ㉠과 ㉡에 들어갈 서체로 바른 것은?

(㉠)	金文	小篆	(㉡)	楷書
𠂤	𠁽	雀	隹	佳

① ㉠-甲骨文 ㉡-吏讀
② ㉠-甲骨文 ㉡-隷書
③ ㉠-吏讀   ㉡-隷書
④ ㉠-大篆   ㉡-書契

2. 다음은 무엇에 대한 설명인가?

> 은 왕조 후기의 왕도 유적인 은허(殷墟)에서 출토되었으며, 거북의 껍질이나 소뼈 등에 새긴 글자로 주로 점복(占卜)의 기록에 사용하였다.

① 주문   ② 금문   ③ 갑골문   ④ 석고문

3. 다음 표에서 설명하고 있는 한자의 조자원리는?

| 二 上 → 上 |
| 朩 米 → 末 |

① 象形   ② 指事   ③ 會意   ④ 形聲

4. 다음의 설명에 해당하는 한자는?

甲骨文	小篆	풀이
𦮙	𠷑	허리 굽은 백발의 늙은이가 지팡이를 짚고 걸어가는 모습을 본뜬 부수 글자

① 聿   ② 耒   ③ 長   ④ 老

5. 다음 중 옥편(玉篇) 또는 자전(字典)에서 활용한 예로 적절하지 않은 것은?

번호	찾을 한자	방법	검색
①	居	독음	계
②	款	부수	攴
③	鼻	부수	鼻
④	疆	총획	19

과목2. 한자의 활용

※ **다음 물음에 답하시오.**

6. 다음 중 한자어의 짜임이 다른 하나는?
   ① 崩壞   ② 祿俸   ③ 障碍   ④ 噴霧

7. 다음 중 '刻舟求劍'과 담긴 의미가 유사한 成語는?
   ① 乾坤一擲   ② 走馬加鞭   ③ 自家撞着   ④ 守株待兎

8. 다음 중 한자 표기가 바르지 않은 것은?
   ① 磨天樓   ② 腦卒中   ③ 懸垂幕   ④ 比丘尼

9. 다음 중 한자어의 뜻이 바르지 않은 것은?
   ① 綱領: 일의 근본이 되는 큰 줄거리
   ② 軒號: 남의 어머니를 높여 이르는 말
   ③ 豪奢: 호화롭게 사치함. 또는 그런 사치
   ④ 撻楚: 어버이나 스승이 자식이나 제자의 잘못을 징계하기 위하여 회초리로 볼기나 종아리를 때림

10. 다음 중 성어의 활용이 잘못된 것은?
    ① 심부름 간지가 언제인데 아직도 **咸興差使**야.
    ② 일할 때는 **汗牛充棟**처럼 일해야 한다.
    ③ 이번 일은 나에게는 **千載一遇**의 기회이다.
    ④ 그는 어려운 형편에도 **螢雪之功** 끝에 시험에 합격했다.

과목3. 한자와 한문

※ 다음 물음에 답하시오.

11. 다음 중 '명심보감(明心寶鑑)'에 대한 설명 중 옳지 않은 것은?
   ① 이 책은 현대인의 바른 심성을 함양하는 데 의의가 있다.
   ② 조선시대에 서당에서 四書를 배우기 전에 학습하였던 아동용 교재 중 하나이다.
   ③ 儒家적인 사상만을 담고 있다.
   ④ 저자는 고려 충렬왕 때의 문신 추적(秋適)이라는 설이 있다.

12. 다음 문장과 對句를 이루는 문장은?

   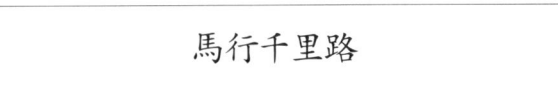

   ① 魚搖荷葉動   ② 牛耕犢臥原   ③ 牛耕百畝田   ④ 犬吠客到門

13. 다음 중 문맥상 밑줄 친 '更'의 의미가 나머지와 다른 하나는?
   ① 窓外三更雨   ② 人無更少年   ③ 言出難更收   ④ 錦衣布衣更換着

14. 다음 중 문맥상 밑줄 친 '至'의 품사가 나머지와 다른 것은?
   ① 不積頤步 無以至千里   ② 一日行善 福雖未至 禍自遠矣
   ③ 君有妬臣則賢人不至   ④ 水至淸則無魚 人至察則無徒

15. 다음 중 금지형 문장이 사용되지 않은 것은?
   ① 害人人害 汝休嗔   ② 勸君凡事莫怨天
   ③ 己所不欲 勿施於人   ④ 春若不耕 秋無所望

16. 다음중 문장의 구조가 다른 하나는?
   ① 食草馬口青   ② 風來水先噴   ③ 脫弁僧頭圓   ④ 飮酒人顏赤

17. 다음 문장의 ㉠에 알맞은 한자는?

   (㉠)雲多奇峯

   ① 春   ② 夏   ③ 秋   ④ 冬

18. 다음 중 직유적 표현을 사용한 문장은?
① 日月似兄弟   ② 江含萬里風   ③ 伐木山雉雉   ④ 天長去無執

※ **다음 글을 읽고 물음에 답하시오.**

(가) 種瓜得瓜 種豆得豆 天網 恢恢 疎而不漏

(나) 王良曰 欲知其君 先視其臣 欲識其人 先視其友 欲知其父 先視其子 君聖臣忠 父慈子孝

19. (가)의 주제로 적절한 것은?
① 因果應報   ② 勿失好機   ③ 漁父之利   ④ 炎凉世態

20. (나)의 내용에 덧붙이기에 적절한 문장은?
① 路逢狹處 難回避
② 如春園之草 不見其長 日有所增
③ 非高亦非遠 都只在人心
④ 不信 但看簷頭水 點點滴滴不差移

21. (나)의 주제와 관련 있는 속담은?
① 윗물이 맑아야 아랫물이 맑다.   ② 가는 날이 장날이다.
③ 수염이 석 자라도 먹어야 양반   ④ 고생 끝에 낙이 온다.

※ **다음 글을 읽고 물음에 답하시오.**

季札之初使 ⓐ北過徐君 徐君 好季札劍 口弗敢言 季札心知之 ⓑ爲使上國 未獻 ⓒ還至徐 徐君已死 於是 乃解其寶劍 掛之徐君墓樹而去 從者曰 徐君已死 尙ⓓ誰予乎 季子曰 不然 始吾心已許之 ㉠豈以死倍吾心哉   <史記>

22. 다음 중 ⓐ~ⓓ의 해석으로 적절하지 않은 것은?
① ⓐ : 북쪽으로 서군에게 들렀다.
② ⓑ : 상국으로 사신을 가야하기 때문에
③ ⓒ : 서군에게 돌려주었다.
④ ⓓ : 누구에게 주는 것인가?

23. 다음 중 ㉠과 문장 형식이 같지 않은 것은?
　　① 不亦樂乎　　② 子將安之　　③ 吾何畏彼哉　　④ 寧無不平之心乎

24. 위 글에서 강조하고 있는 덕목은?
　　① 勸學　　　　② 儉素　　　　③ 愛國　　　　④ 信義

※ 다음 글을 읽고 물음에 답하시오.

> 都氏家貧至孝 賣炭買肉 無闕母饌 一日 於市 晚而忙歸 鳶忽攫肉 都悲號至家 鳶旣投肉於庭 一日 母病索非時之紅柿 都彷徨柿林 ㉠不覺日昏 有虎屢遮前路 以示乘意 都乘至百餘里山村 訪人家投宿 ㉡俄而主人饋祭飯而有紅柿 都喜問柿之來歷 且述己意 答曰㉢亡父嗜柿 故每秋擇柿二百個 藏諸窟中而至此五月則完者不過七八 今得五十個完者故로 ㉣心異之 是天感君孝 遺以二十顆 都謝出門外 虎尙俟伏 乘至家 曉鷄喔喔 後母以天命終 都有血淚

25. 윗글의 내용과 일치하지 않는 것은?
　　① 도씨는 효자이다.
　　② 어머니가 홍시를 먹고 싶어 했다.
　　③ 결국 도씨는 홍시를 얻었다.
　　④ 알고 보니 호랑이는 홍시 주인의 아버지였다.

26. 문맥상 ㉠~㉣의 번역으로 적절하지 않은 것은?
　　① ㉠ : 어느새 날이 저물었다.
　　② ㉡ : 얼마 안 되어 주인이 제사음식을 차려왔다.
　　③ ㉢ : 돌아가신 아버지께서 홍시를 좋아 했다.
　　④ ㉣ : 마음이 달라졌다.

※ 다음 물음에 답하시오.

27. 다음 중 색출법에 대한 설명은?
　　① 부수의 의미를 중심으로 한자를 쉽고 재미있게 익힌다.
　　② 한자를 서로 결합하여 의미를 점차 넓혀 나가는 학습법이다.
　　③ 한자를 실제 언어생활이나 학습 내용에 적용하게 하는 학습법이다.
　　④ 신문·서적·표지판 등에서 학습한 한자를 찾아보게 하는 방법으로 과제 학습으로 적절하다.

28. 한자·한문교육의 교수·학습 계획 시 유의사항으로 적절하지 않은 것은?
    ① 학부모의 요구는 배재한다.
    ② 일상생활에 도움이 되도록 한다.
    ③ 다른 교과와의 연계학습이 가능하도록 한다.
    ④ 미래 정보화·세계화·다양화 시대를 대비하여 한자문화권이 아닌 국가들의 역사·문화·사상까지도 수용하는 자세가 필요하다.

29. 다음 (   )에 알맞은 기관의 명칭을 쓰시오.

    > 국가 차원의 평생교육 관련 업무를 전담 운영할 수 있도록 평생교육센터·학점은행센터·독학학위검정원(방송대)을 (   )으로 개편하여 집행의 효율성을 도모하고자 한다.

    ① 평생교육진흥원   ② 원격평생교육원
    ③ 평생교육추진회   ④ 평생교육협회

30. 평생교육 발전에 대한 설명으로 적절하지 않은 것은?
    ① 국가에 따라 순환교육, 계속교육, 추가교육 등 다양한 명칭을 사용했다.
    ② 평생교육이라는 개념이 생기기 전부터 다양한 형태의 학교 이외의 교육이 있어 왔다.
    ③ 유니세프(UNECEF)에 의해서 세계 각국에 평생교육이라는 용어를 사용할 것을 권고하게 되었다.
    ④ 우리나라에서는 종래의 사회교육법을 평생교육법으로 개정하고 2000년 3월 1일부터 시행에 들어갔다.

● 주관식 (70문항)

과목1. 한자의 기초

※ **다음 물음에 답하시오.**

주1. 한자의 三要素에 유의하여 ㉠과 ㉡에 알맞은 내용을 쓰시오.

形(모양)	義(뜻)	音(소리)
(㉠)	세우다	건
築	쌓다	(㉡)

(㉠   , ㉡   )

주2. 다음 漢字의 部首와 총획수를 쓰시오. 단, 부수가 변형되어 쓰인 경우에는 부수의 원형을 쓰시오. (예: 扌→手)

禽   (부수: 총획수: 획)

※ **다음 표를 보고 물음에 답하시오.**

갑골문	풀이	조자원리(六書)
𤝌 𤝌	개의 모양을 본뜬 글자이다.	㉠

주3. ㉠에 들어갈 내용을 漢字로 쓰시오.   (   )

주4. 形聲의 원리에 의해, 위의 글자를 부수로 하고 聲符인 '良(량)'이 결합된 형태인 漢字를 쓰시오.   (   )

※ 다음은 하나의 漢字가 활용된 용례이다. 물음에 답하시오.

한자	용례1	훈음1	용례2	훈음2
省	省略	덜 생	省墓	살필 성
拾	拾得	ⓐ	參拾	ⓑ
塞	塞翁	ⓒ	窒塞	ⓓ

주5. ⓐ, ⓑ에 알맞은 훈음을 차례로 쓰시오.
　　(ⓐ　　　　　,ⓑ　　　　　)

주6. ⓒ, ⓓ에 알맞은 훈음을 차례로 쓰시오.
　　(ⓒ　　　　　,ⓓ　　　　　)

※ 다음 □안에 類義字를 넣어 한자어를 완성하시오.

주7. 敦□　　　　(　　　　　　)

주8. □顧　　　　(　　　　　　)

※ 다음 漢字를 簡體字로 쓰시오.

주9. 實 :　　　(　　　　　　)

주10. 異 :　　　(　　　　　　)

과목2. 한자의 활용

※ 다음 한자어의 짜임을 쓰시오.

주11. '頻度' (　　　　관계)

주12. '寺刹' (　　　　관계)

※ 다음 물음에 답하시오.

주13. '梁上君子'가 의미하는 2음절의 단어를 漢字로 쓰시오. (   )

주14. '輕率'의 反義語를 漢字로 쓰시오.   (   )

※ 설명에 맞게 의미가 서로 비슷한 한자끼리 결합하여 이루어진 한자어를 漢字로 쓰시오.

주15. (   ) : 사람을 또는, 사람끼리 껴안음

주16. (   ) : 두 물체가 서로 닿아 비벼짐

※ 다음 문장의 밑줄 친 단어를 문맥에 맞게 漢字로 쓰시오.

주17. 마감일이 임박하여 원고를 출판사에 넘겼다.   (   )

주18. 그는 원고 측 변호사로 선임되었다.   (   )

※ 다음 글을 읽고 물음에 답하시오.

> 조고가 ㉠모반을 일으키려 하였다. 그러나 여러 신하들이 따라주지 않을 것이 두려웠다. 이들을 시험하기 위해, 사슴을 2세 황제에게 바치면서 말하였다. "이것은 말입니다." 2세 황제가 웃으며, "승상이 잘못 본 것이오. 사슴을 일러 말이라 하오?" 하였다.

주19. ㉠을 漢字로 쓰시오.   (   )

주20. 위의 이야기에서 유래한 사자성어를 漢字로 쓰시오.   (   )

※ 다음 글을 읽고 물음에 답하시오.

> "어떤 사람이 무기를 한 수레 가득 싣고 왔다고 해서 살인을 할 수 있는 것이 아니다. 나는 오히려 한 치도 안 되는 칼만 있어도 사람을 죽일 수 있다." 이는 선(禪)의 본바탕을 파악한 말로, 무기로 사람을 죽이는 것이 아니라 마음 속의 속된 생각을 없애고 깨달음에 이름을 의미한다. ㉠번뇌를 없애고 정신을 집중하여 ㉡수양한 결과 나오는 작은 것 하나가 사물을 변화시키고 사람을 감동시킬 수가 있는 것이다.

주21. ㉠을 漢字로 쓰시오. (   )

주22. ㉡을 漢字로 쓰시오. (   )

주23. 위 이야기에서 유래한 성어를 漢字로 쓰시오. (   )

※ 다음 문장을 읽고 물음에 답하시오.

> 《詩經》〈小雅〉의 '斯干'이라는 詩는 새 집을 지어 和睦하게 살아가는 한 大家族의 이야기를 그리고 있다. 여기에 보면 胎夢부터 시작하여 '㉠아들을 낳으면 寢牀에 누이고 고까옷을 입혀 손에는 구슬을 쥐어 준다.'는 이야기가 나온다. 물론 ㉡出世하여 이름을 세상에 떨치기를 바라는 마음에서, 그만큼 아들을 낳으면 온 집안이 떠들썩하게 잔치를 벌였던 것이다.

주24. 밑줄 친 ㉠을 참고하여 위 내용에서 유래한 성어를 漢字로 쓰시오.
(   )

주25. ㉡과 의미가 상통하는 성어를 漢字로 쓰시오. (   )

과목3. 한자와 한문

※ 다음 글을 읽고 물음에 답하시오.

> (가) ㉠蝶翅輕翻粉 鶯聲巧囀簧
> (나) 林亭秋已晚 ㉡騷客意無窮
> (다) 夫婦二姓合 (㉢) 一氣連
> (라) ㉣황천無客店 今夜宿誰家

주26. ㉠의 독음을 쓰시오. (   )

주27. ㉡의 뜻을 쓰시오. (   )

주28. ㉢에 알맞은 2음절의 한자어를 漢字로 쓰시오. (   )

주29. ㉣을 漢字로 쓰시오. (   )

※ 다음 글을 읽고 물음에 답하시오.

> 芳碩變後 太祖棄位 奔于咸興 太宗屢遣中使問安 太祖輒彎弓而待之 前後相望之使 ㉠未敢道達其情 時問安使 無一得還者 太宗問㉡군신 誰可遣 莫有應之者 判承樞府事朴淳 ㉢挺身請行

주30. 위 이야기에서 유래한 성어를 漢字로 쓰시오.　　　(　　　　　)

주31. ㉠의 이유를 간략히 쓰시오.
(　　　　　　　　　　　　　　　　　　　　　)

주32. ㉡을 漢字로 쓰시오.　　　　　　　　　　(　　　　　)

주33. ㉢의 뜻을 쓰시오.　　　　　　　　　　(　　　　　)

※ 다음 글을 읽고 물음에 답하시오.

> (가) 領相公 夏日 午睡 有蛇上公腹上 公 心欲逐之 而恐蛇驚傷人 ㉠木石然不敢動 子遲方六歲 適父所 見之 卽往草澤中 取三四蛙 投之 蛇舍人從蛙而去 公乃得起身 遲自幼 ㉡기지如此 及長 是爲名㉢相
>
> (나) 宋同春先生 借與人書冊 人還之 而若㉣紙不生毛 則必責其不讀 更與之 其人 ㉤不得不讀之

주34. ㉠의 이유를 쓰시오.　　　(　　　　　　　　　　　)

주35. ㉡을 漢字로 쓰시오.　　　　　　　　(　　　　　)

주36. 문맥상 ㉢의 뜻을 쓰시오.　　　　　　(　　　　　)

주37. ㉣이 내포하는 의미를 쓰시오.
(　　　　　　　　　　　　　　　　　　　　　)

주38. ㉤을 해석하시오.
(　　　　　　　　　　　　　　　　　　　　　)

※ 다음 글을 읽고 물음에 답하시오.

(가) 景行錄 云 坐密室 ㉠如通衢 馭寸心 如六馬 可免過

(나) 擊壤詩云 富貴 ㉡如將智力求 ㉢仲尼 年少合封侯 世人 不解靑天意 空使身心半夜愁

주39. 각 문장에서의 ㉠과 ㉡의 뜻을 차례로 쓰시오.　　(㉠　　　　,㉡　　　　)

주40. ㉢은 누구를 말하는지 쓰시오.　　(　　　　　　)

※ 다음을 읽고 물음에 답하시오.

(가) 高宗皇帝御製曰 ㉠一星之火 能燒萬頃之薪 半句非言 誤損平生之德 身被一縷 常思織女之勞 日食三飧 每念農夫之苦 苟貪妬損 終無十ⓐ載安康 積善存仁 必有榮華後裔 福緣善慶 多因積行而生 入聖㉡超凡 盡是眞實而得

(나) 痴聾痼啞 家豪富 智慧聰明 却受貧 ㉢年月日時 該ⓑ載定하니 算來由命不由人

주41. ㉠을 2음절의 우리말로 표현하시오.　　(　　　　　　)

주42. ㉡의 뜻을 쓰시오.　　(　　　　　　)

주43. 〈보기〉를 참고하여 ㉢을 2음절의 단어로 바꿔 漢字로 쓰시오.

(　　　　　　)

〈보기〉 사람이 태어난 연월일시의 네 간지(干支). 또는 이에 근거하여 사람의 길흉화복을 알아보는 점

주44. ⓐ와 ⓑ의 의미를 각각 문맥에 맞게 쓰시오.　　(ⓐ　　　　,ⓑ　　　　)

※ 다음 글을 읽고 물음에 답하시오.

> 洪公耆燮 少貧甚無聊 一日朝 婢兒踊躍獻七兩錢曰 此在鼎中 米可數石 柴可數駄 天賜天賜 公驚曰 是何金 卽書失金人推去等字 付之門楣而待 俄而㉠姓劉者 來問書意 公悉言之 劉曰 理無失金於人之鼎內 ㉡果天賜也 盍取之 公曰 非吾物 何 劉俯伏曰 小的 昨夜 爲竊鼎來 ⓐ還憐家勢蕭條而施之 今感公之廉价良 心自發 誓不更盜 願欲常侍 勿慮取之 公 卽ⓑ還金曰 汝之爲良則善矣 金不可取 終不受 後 公爲判書 其子在龍 爲憲宗㉢國舅 劉亦見信 身家大昌

주45. 위 글에서 ㉠이 자신을 가리키는 한자어를 찾아 쓰시오. (　　　　　)

주46. ㉡을 해석하시오. (　　　　　)

주47. ⓐ와 ⓑ의 의미를 각각 문맥에 맞게 해석하시오.
(ⓐ　　　　　, ⓑ　　　　　)

주48. ㉢의 의미를 쓰시오. (　　　　　)

※ 다음 글을 읽고 물음에 답하시오.

> (가) 子曰 與善人居 如入㉠지란之室 久而不聞其香 卽與之化矣 與不善人居 如入㉡鮑魚之肆 久而不聞其臭 亦與之化矣 丹之所藏者赤 ㉢漆之所藏者黑 是以 君子 必愼其所與處者焉
>
> (나) 家語云 與好學人同行 如霧露中行 雖不濕衣 時時有潤 與無識人同行 如厠中坐 ㉣雖不汚衣 時時聞臭

주49. (가)와 (나)의 공통적인 주제를 쓰시오.
(　　　　　)

주50. ㉠을 漢字로 쓰시오. (　　　　　)

주51. ㉡과 함의가 같은 漢字를 (나)에서 찾아 쓰시오. (　　　　　)

주52. ㉢과 같은 뜻의 사자성어를 漢字로 쓰시오. (　　　　　)

주53. ㉣을 해석하시오.
(　　　　　)

※ 제시된 〈풀이〉에 맞게 ( )안의 漢字들을 모두 이용하여 바르게 배열하시오.

주54. (輕 毛 生 死 於 鴻) → (　　　　　　　　　)

　〈풀이〉 사생을 기러기털보다 가볍게 여긴다.

주55. (家 儉 得 不 不 治) → (　　　　　　　　　)

　〈풀이〉 집안을 다스릴 때는 검소하지 않을 수 없다.

※ 다음 ○에 들어갈 漢字·漢字語를 쓰시오.

주56. 巧者 ○之奴 苦者 ○之母　　　　　　　　　(　　, 　　)

주57. 莊子曰 兄弟 爲手足 ○○ 爲衣服 衣服破時更得新 手足斷處 難可續
　　　　　　　　　　　　　　　　　　　　　　　(　　, 　　)

※ 다음 문장에서 밑줄친 부분을 해석하시오.

주58. <u>待客 不得不豊</u>
　(　　　　　　　　　　　　　　　　　　　　　　)

주59. <u>凡使奴僕 先念飢寒</u>
　(　　　　　　　　　　　　　　　　　　　　　　)

주60. 大廈千間 夜臥八尺 <u>良田萬頃 日食二升</u>
　(　　　　　　　　　　　　　　　　　　　　　　)

주61. <u>花落憐不掃</u>
　(　　　　　　　　　　　　　　　　　　　　　　)

주62. <u>野廣天低樹</u>
　(　　　　　　　　　　　　　　　　　　　　　　)

주63. <u>君有妬臣則賢人不至</u>
　(　　　　　　　　　　　　　　　　　　　　　　)

주64. <u>黃金黑吏心</u>
　(　　　　　　　　　　　　　　　　　　　　　　)

주65. <u>長江割地去</u>
　(　　　　　　　　　　　　　　　　　　　　　　)

※ 다음 표를 읽고 물음에 답하시오.

학습목표 : (㉠)의 쓰임을 알고 문장 풀이에 스스로 활용할 수 있다.

① 전치사
▶ 於·于·乎 : 처소·대상·시간·원인·비교
▶ (㉡) : '~으로써, ~을 가지고, ~에 의하여, ~때문에' 등의 뜻
▶ 自·由·從 : '~로부터, ~에서' 등의 뜻
② 접속사
▶ 且·與·及 : '~와, ~하고' 등의 뜻
▶ (㉢) : 역접, 순접
▶ 則 : '~이면, ~하면' 의 뜻

주66. ㉠에 알맞은 2음절의 한자어를 漢字로 쓰시오.　　　　(　　　　　)

주67. ㉡에 알맞은 漢字를 쓰시오.　　　　　　　　　　　　(　　　　　)

주68. ㉢에 알맞은 漢字를 쓰시오.　　　　　　　　　　　　(　　　　　)

※ 다음 글을 읽고 물음에 답하시오.

• 인류의 불평등과 전쟁의 원인이 인간의 무지에서 기인되는 바가 크다고 판단한 (㉠)는 초기에는 성인기초교육에 초점을 두었다.
• 1965년 개최된 (㉡)의 성인교육 추진위원회에서는 랭그랑이 제안한 (㉢)개념을 받아들였다.
• 1973년 포레 등에 의하여 발표된 연구보고서인 『Learning To Be』는 (㉣)의 개념을 발전시키는 데 크게 공헌을 하였다.

주69. ㉠과 ㉡에 공통으로 들어 갈 국제연합의 전문기구의 명칭을 쓰시오.
　　　　　　　　　　　　　　　　　　　　　　　　　　(　　　　　)

주70. ㉢과 ㉣에 공통으로 들어 갈 말을 쓰시오.　　　　　　(　　　　　)

6회 국가공인 한자·한문지도사 2급 연습문제

● 객관식 (30문항)

과목1. 한자의 기초

※ 다음 물음에 답하시오.

1. 다음은 漢字體의 변천과정을 나타낸 표이다. ㉠과 ㉡에 들어갈 書體를 바르게 나열한 것은?

甲骨文	金文	㉠	㉡	楷書
丹	月	舟	舟	舟

① ㉠-小篆 ㉡-隸書   ② ㉠-隸書 ㉡-草書
③ ㉠-隸書 ㉡-小篆   ④ ㉠-草書 ㉡-行書

2. 다음 중 金文에 대한 설명으로 바른 것은?
   ① 최초로 발견된 것은 약재로 사용되던 龍骨이다.
   ② 籀文이라고도 불린다.
   ③ 주로 靑銅器에 새겨져서 전해졌다.
   ④ 붓의 발달과 함께 크게 유행하였다.

3. 다음에서 설명하는 조자원리에 해당하는 한자는?

   이미 만들어진 둘 이상의 글자들의 의미요소를 결합하여 새로운 뜻을 가진 글자를 만드는 방법

   ① 媛   ② 龜   ③ 森   ④ 悔

4. 다음의 설명에 해당하는 한자는?

甲骨文	金文	풀이
↑	↑	화살의 모양을 본뜬 부수 글자

   ① 矢   ② 失   ③ 弋   ④ 巾

83

5. 다음 중 繁體字와 簡體字의 짝이 바르지 않은 것은?
　　① 靈-灵　　② 當-当　　③ 黨-党　　④ 勤-动

과목2. 한자의 활용

※ 다음 물음에 답하시오.

6. 다음 중 한자어의 짜임이 다른 하나는?
　　① 詳述　　② 緩行　　③ 同寢　　④ 遲滯

7. 다음 성어 중 나머지와 의미가 다른 것은?
　　① 魚魯不辨　　② 目不識丁　　③ 不恥下問　　④ 一字無識

8. 다음 중 한자 표기가 바르지 않은 것은?
　　① 走馬燈　　② 鹽氣性　　③ 竊盜犯　　④ 搜索隊

9. 다음 중 한자어의 뜻이 바르지 않은 것은?
　　① 粉塵 : 티끌
　　② 韻致 : 고요하고 쓸쓸함
　　③ 冥福 : 죽은 뒤 저승에서 받는 복
　　④ 査頓 : 혼인한 두 집안의 부모들 사이에 서로 상대편을 이르는 말

10. 밑줄 친 한자어의 쓰임이 바르지 않은 것은?
　　① 죄인에게 賜藥이 내려졌다.
　　② 그 아이는 참으로 唐突하였다.
　　③ 어제 경기에서 偏頗판정 시비가 발생하였다.
　　④ 후보자들은 선거공약을 충실히 移行할 것을 다짐하였다.

과목3. 한자와 한문

※ 다음 물음에 답하시오.

11. 다음 문장과 對句를 이루는 문장은?

　　　　鳥逐花間蝶

　　① 長江割地去　　② 鷄爭草中蟲　　③ 天寒白屋貧　　④ 石蹲壯士拳

12. 다음 밑줄 친 한자들의 기능이 나머지와 다른 것은?
    ① 勿使悲歡極 當令飮食均
    ② 勸君敬奉老人言 莫教乳口爭長短
    ③ 世人不解靑天意 空使身心半夜愁
    ④ 凡使奴僕 先念飢寒

13. 다음 중 ㉠과 ㉡의 차이점으로 적절한 것은?

    (가) ㉠君臣朋友 非酒不義
    (나) 勸㉡君凡事莫怨天 天意於人無厚薄

    ① ㉠-명사, ㉡-대명사   ② ㉠-대명사, ㉡-명사
    ③ ㉠-실사, ㉡-허사   ④ ㉠-허사, ㉡-실사

14. 다음 중 문장의 구조가 다른 하나는?
    ① 竹筍黃犢角   ② 掃地黃金出
    ③ 吹火女脣尖   ④ 脫冠翁頭白

15. 다음의 ㉠과 같은 修辭法이 사용된 문장은?

    ㉠내 마음은 호수요
    그대 (노)저어 오오.
    나는 그대의 흰 그림자를 안고
    옥같이 그대의 뱃전에 부서지리다.

    ① 初月將軍弓   ② 馬行駒隨後
    ③ 竹筍尖如筆   ④ 漁歌月下聞

16. 다음 중 청각적 이미지가 가장 두드러진 문장은?
    ① 蝶翅輕飜粉   ② 讀書爲貴人
    ③ 曳杖石鷄鷄   ④ 微風木末知

※ 다음 글을 읽고 물음에 답하시오.

> 王見畫花曰 此花定無香 乃命種於庭 待其開落 果如其言 群臣
> 問於王曰 何以知之 曰 畫花而無(㉠) 知其無香

17. ㉠에 들어갈 한자로 적절한 것은?
　　① 蚊　　　　② 蠅　　　　③ 虹　　　　④ 蝶

18. 윗글은 왕의 어떤 부분을 강조하려 한 것인가?
　　① 선행　　② 용모　　③ 지혜　　④ 용맹

※ 다음 글을 읽고 물음에 답하시오.

> 伯牙 ㉠善鼓琴 種子期 善聽 伯牙鼓琴 志在流水 種子期曰 ㉡善
> 哉 洋洋兮若江河 伯牙所念 種子期必得之 伯牙遊於泰山之陰 卒
> 逢暴雨 止於巖下 心悲 乃援琴而鼓之 曲每奏 種子期輒窮其趣
> 伯牙 乃舍琴而歎曰 善哉善哉 子之聽夫志 想象猶吾心也 吾於何
> 逃聲哉

19. 문맥상 ㉠과 ㉡의 뜻으로 적절한 것은?
　　① ㉠ : 잘하다　　㉡ : 훌륭하다
　　② ㉠ : 착하다　　㉡ : 잘하다
　　③ ㉠ : 훌륭하다　㉡ : 착하다
　　④ ㉠ : 좋다　　　㉡ : 친하다

20. 위 글을 바르게 이해하지 못한 사람은?
　　① 승현 : "백아와 종자기의 우정에서 비롯된 이 성어는 '知音'이라고 해."
　　② 대성 : "맞아, 네 글자로 '伯牙絶絃'이라고도 하지."
　　③ 지용 : "종자기는 거문고 연주를 통해 마음을 표현했어."
　　④ 태양 : "백아는 노니는 중 폭우를 만나 마음이 울적했나 봐."

※ 다음 글을 읽고 물음에 답하시오.

> 洪相國瑞鳳之大夫人 家甚(㉠) 疏食菜羹每多空乏 一日 遣婢買肉而來 見肉色 似有毒 問婢曰 所買之肉 有幾許塊耶 乃賣首飾得錢 使婢盡買其肉 而㉡埋于墻下 恐他人之買食生病也 相國曰 ㉢母氏此心 可通神明 子孫必昌

21. 문맥상 ㉠에 알맞은 한자는?
  ① 貧   ② 榮   ③ 儉   ④ 富

22. ㉡의 이유로 적절한 것은?
  ① 흉년을 대비하여 저장해둠
  ② 시장의 물가를 조절하기 위해
  ③ 다른 사람들이 먹고 탈이 날까봐
  ④ 노비들에게 골고루 나누어 주기 위해

23. ㉢에 대한 평가로 적절한 것은?
  ① 謙虛   ② 博愛   ③ 奢侈   ④ 儉素

※ 다음 글을 읽고 물음에 답하시오.

> (가) 尺璧非寶 寸陰是競
>
> (나) 親有十分慈　　君不念其恩
>   兒有一分孝　　㉠君就揚其名
>   待ⓐ暗待ⓑ明　　誰識高堂養ⓒ心
>   勸君漫信兒曹孝　　兒曹親子在君身

24. (가)의 주제로 적절한 것은?
  ① 시간은 금이다.
  ② 구슬이 서 말이라도 꿰어야 보배다.
  ③ 열 길 물속은 알아도 한 길 사람 속은 모른다.
  ④ 고래 싸움에 새우등 터진다.

25. (나)의 주제로 볼 때 ㉠의 태도를 표현하기에 적절한 말은?
    ① 호들갑을 떤다.   ② 넉살이 좋다.
    ③ 핀잔을 주다.   ④ 어수선하다.

26. ⓐ~ⓒ에 알맞은 漢字를 차례대로 나열한 것은?
    ① 兒-親-子   ② 親-兒-子
    ③ 兒-親-親   ④ 親-兒-親

※ 다음 물음에 답하시오.

27. 한자·한문에 대한 이해로 바르지 않은 것은?
    ① 우리 전통문화의 모습이 담겨있다.
    ② 동아시아 문화를 이해하기 위해 필요하다.
    ③ 국어와 별개로 이해될 수 없다.
    ④ 컴퓨터를 비롯한 각종 문명 이기의 발달로 한자의 비능률성은 증가되고 있다.

28. 한자·한문의 교수·학습계획에 대한 설명으로 바르지 않은 것은?
    ① 학습자의 일상생활에 도움이 되도록 한다.
    ② 가능하면 학습내용이 반복되지 않도록 한다.
    ③ 한자·한자어·한문의 학습이 통합적으로 이루어 질 수 있도록 한다.
    ④ 컴퓨터 및 멀티미디어 자료 등을 효과적으로 활용할 수 있도록 계획한다.

29. 평생교육의 방향과 거리가 먼 것은?
    ① 아동중심   ② 학습자 중심   ③ 학습의 다양성   ④ 자기주도적 학습

30. 다음에서 설명하고 있는 것은?

> (가) 「고등교육법」 제2조에 따른 학교(이하 "대학"이라 한다) 또는 이 법 시행 당시 종전의 제22조제3항에 따른 원격대학 형태의 평생교육시설에서 학위과정으로 평생교육과 관련된 과목을 일정한 학점 이상 이수한 자
>
> (나) 「평생교육법」 제25조에 따른 평생교육사 양성기관에서 필요한 과정을 이수한 자
>
> (다) 그 밖에 대통령령으로 정하는 자격요건을 갖춘 자

    ① 정교사   ② 독학사   ③ 평생교육사   ④ 한자·한문지도사

과목1. 한자의 기초

※ 다음 물음에 답하시오.

주1. 다음에서 설명하는 조자원리를 쓰시오.　　　　　(　　　　　　)

> (가) 이것은 새로운 글자를 만드는 원리가 아니라, 기존 글자의 의미를 변화하여 활용하는 원리인데, 곧 더 이상의 한자를 만들지 않더라도 기존의 한자에 새로운 개념을 담을 수 있는 것이다.
>
> (나) 이것은 한자의 구성원리라고 보기 보다는, 한자의 운용규칙으로 볼 수 있다. 기존 글자의 원 뜻이 유추, 확대, 변화되어 새로운 뜻으로 바뀌는 것을 말하는데, 뜻뿐만 아니라 음도 바뀌는 경우가 있다.

주2. 다음 漢字의 部首와 部首의 훈음을 쓰시오. 단, 부수가 변형되어 쓰인 경우에는 부수의 원형을 쓰시오. (예: 扌→手)

郊　(부수:　　　　부수의 훈음:　　　　　　　)

※ 다음을 읽고 물음에 답하시오.

　좌측의 그림은 이 漢字의 小篆으로, 윗부분은 '王' 자 두 개가 아니라, '雁足'의 상형이며, 아랫부분은 共鳴筒의 상형이다. 隸書에 와서 발음부호인 今을 더하고 공명통을 생략한 오늘의 자형이 되었다. 또한 이 漢字는 비슷한 뜻을 가진 漢字인 □과 결합하여 '夫婦 사이의 정'을 나타내는 漢字語로도 널리 쓰인다.

주3. 윗글에서 설명하는 漢字를 쓰시오.　　　　　　(　　　　　　)

주4. □에 알맞은 漢字를 쓰시오.　　　　　　　　(　　　　　　)

※ 다음 □에 공통으로 들어가 각각 다른 의미로 사용되는 漢字를 쓰시오.

주5. 整□ – □悟　　(　　　　　)

주6. 蓮□ – □役　　(　　　　　)

※ 다음 □안에 類義字를 넣어 한자어를 완성하시오.

주7. □棄　　　　(　　　　　)

주8. 購□　　　　(　　　　　)

※ 다음 漢字를 簡體字로 쓰시오.

주9. 誇 :　　　(　　　　　)

주10. 圍 :　　　(　　　　　)

과목2. 한자의 활용

※ 다음 한자어의 짜임을 쓰시오.

주11. '添削'　(　　　　관계)

주12. '極甚'　(　　　　관계)

※ 다음 물음에 답하시오.

주13. '鼓吹'의 類義語를 漢字로 쓰시오.　　　　(　　　　　)

주14. '違反'의 反義語를 漢字로 쓰시오.　　　　(　　　　　)

주15. '暴露'의 反義語를 漢字로 쓰시오.　　　　(　　　　　)

※ 설명에 맞게 의미가 상대되는 漢字끼리 결합하여 이루어진 단어를 漢字로 쓰시오.

주16. (　　　　) : 친함과 친하지 않음

주17. (　　　　) : 숨었다 나타났다 함

※ 다음 글을 읽고 물음에 답하시오.

> 중국 ≪晉書≫의 <㉠車胤傳>·<孫康傳>에 나오는 말로, 진나라 車胤이 반딧불을 모아 그 불빛으로 글을 읽고, 孫康이 가난하여 겨울밤에는 눈빛에 비추어 글을 읽었다는 고사에서 유래한다.

주18. 위 글에서 유래한 성어를 漢字로 쓰시오.　　　　(　　　　)

주19. ㉠의 독음을 쓰시오.　　　　(　　　　)

※ 다음 글을 읽고 물음에 답하시오.

> 魯나라의 미생은 남과 약속을 하면 어떤 일이 있어도 지키는 사람이었다. 하루는 다리 아래에서 여자와 만나기로 약속하였는데 시간이 되어도 나타나질 않았다. 갑자기 소나기가 쏟아져 큰 개울물이 갑자기 불어났으나 미생은 '이 다리에서 만나기로 약속했으니, 이 자리를 떠날 수는 없다.' 생각하고 그 자리에서 ㉠교각을 붙잡고 버티다 ㉡결국 급류에 휘말려 떠내려가고 말았다.

주20. ㉠을 漢字로 쓰시오.　　　　(　　　　)

주21. ㉡을 漢字로 쓰시오.　　　　(　　　　)

주22. 위 글에서 유래한 성어를 漢字로 쓰시오.　　　　(　　　　)

※ 다음에 제시된 성어와 의미가 같은 성어를 漢字로 쓰시오.

주23. 終無消息　　　　(　　　　)

주24. 彌縫策　　　　(　　　　)

주25. 九牛一毛　　　　(　　　　)

과목3. 한자와 한문

※ 다음 글을 읽고 물음에 답하시오.

> (가) 始用升授 還以斗受
> (나) 天雖崩 牛出有穴
> (다) 鳥久止 必帶矢
> (라) 矢在弦上 ㉠不可不發

주26. (가)에 어울리는 우리말 속담을 쓰시오.
(   )

주27. (나)에 어울리는 우리말 속담을 쓰시오.
(   )

주28. (다)에서 제시하고 있는 교훈을 간략히 쓰시오.
(   )

주29. 문맥상 ㉠을 대신할 수 있는 漢字를 (나)~(다)에서 찾아 쓰시오.
(   )

※ 다음 漢詩를 읽고 물음에 답하시오.

> (가) ⓐ水國秋光暮　　驚寒雁陣高
> 　　　憂心輾轉夜　　殘月照㉠궁도
> (나) ㉡初月將軍弓　　㉢流星壯士矢

주30. (가)의 작가는 조선 중기의 유명한 장군이다. ⓐ를 참고하여 그 이름을 漢字로 쓰시오.
(   )

주31. ㉠을 漢字로 쓰시오. (   )

주32. ㉡과 ㉢을 각각 3음절의 순우리말로 쓰시오.　(㉡　　　　,㉢　　　　)

※ 다음 漢詩를 읽고 물음에 답하시오.

> (가) ㉠白日莫虛送　靑春不再來
>
> (나) 　山雨夜鳴竹　草蟲ⓐ入牀
>
> (다) 　少年易老學難成　一寸光陰不可輕
> 　　　未覺㉡지당春草夢　階前梧葉已ⓑ聲
>
> (라) ㉢無水立沙鷗　㉣排草失家蟻

주33. ㉠과 원관념이 같은 어휘를 (다)에서 찾아 쓰시오. 　　(　　　　　)

주34. ⓐ와 ⓑ에 공통으로 알맞은 漢字를 쓰시오. 　　(　　　　　)

주35. ㉡을 漢字로 쓰시오. 　　(　　　　　)

주36. (라)는 순우리말을 가차해서 지은 해학적인 문장이다. ㉢과 ㉣에 해당하는 순 우리말을 차례로 쓰시오. 　　(㉢　　　, ㉣　　　)

※ 다음 글을 읽고 물음에 답하시오.

> (가) 子曰 居家有禮故 長幼辨 ㉠閨門有禮故 三族和 朝廷有禮故 官爵序 ㉡전렵有禮故 戎事閑 軍旅有禮故 武功成
>
> (나) 子曰 君子 有勇而無禮 爲亂 小人 有勇而無禮 爲盜

주37. (가)와 (나)에서 공통적으로 강조하고 있는 1음절의 漢字를 본문에서 찾아 쓰시오.
　　(　　　　　)

주38. ㉠의 뜻을 쓰시오. 　　(　　　　　)

주39. ㉡을 漢字로 쓰시오. 　　(　　　　　)

※ 다음 글을 읽고 물음에 답하시오.

> 顔氏家訓曰 夫有人民而後 有夫婦 有夫婦而後 有父子 有父子而後 有兄弟 一家之親 此三者而已矣 ㉠自玆以往 至于九族 皆本於 ㉡三親焉 故 ㉢於人倫 爲重也 不可不篤

주40. ㉠을 해석하시오.
( )

주41. ㉡ '三親'이 가리키는 한자어 세 가지를 위 글에서 찾아 쓰시오.
(, ,)

주42. ㉢ '於'와 바꿔 쓸 수 있는 漢字를 위 글에서 찾아 쓰시오.
( )

※ **다음 글을 읽고 물음에 답하시오.**

(가) 張思叔㉠좌우명曰 凡語 必忠信 凡行 必篤敬 飮食 必愼節 ㉡字畫必楷正 容貌 必端莊 衣冠 必肅整 步履 必安詳 居處 必正靜 作事必謀始 出言 必顧行 常德 必固持 然諾 必重應 見善如己出 見(㉢)如己病 凡此(ⓐ)者 皆我未深省 ㉣書此當座隅 朝夕視爲警

(나) 孔子(ⓑ)計圖云 一生之計 在於幼 一(㉤)之計 在於春 一日之計在於寅 幼而不學 老無所知 春若不耕 秋無所望 ㉥寅若不起 日無所辦

주43. ㉠을 漢字로 쓰시오. ( )

주44. ㉡의 독음을 쓰시오. ( )

주45. ㉢에 들어갈 漢字를 쓰시오. ( )

주46. ⓐ와 ⓑ에 들어갈 숫자의 합을 쓰시오. ( )

주47. ㉣을 해석하시오.
( )

주48. (나)의 주제를 내포하고 있는 문장을 (가)에서 찾아 해석하시오.
( )

주49. ㉤에 들어갈 漢字를 쓰시오. ( )

주50. ㉥을 해석하시오.
( )

연습문제 6회

※ 다음 ○에 공통으로 들어갈 漢字를 쓰시오.

주51. (　　　　　)

　　　㉠ 畵虎畵皮難畵骨 知人知面不知○
　　　㉡ 對面共話 ○隔千山

주52. (　　　　　)

　　　㉠ 凡人 不可逆○ 海水 不可斗量
　　　㉡ ○識滿天下 知心能幾人

주53. (　　　　　)

　　　㉠ 男奴負薪去 女婢○水來
　　　㉡ 不恨自家○繩短 只恨他家苦井深

※ 제시된 <풀이>에 맞게 ( )안의 漢字들을 모두 이용하여 바르게 배열하시오.

주54. (結 於 怨 謂 人 種 之 禍)

　　　→ (　　　　　　　　　　)

　　<풀이> 남에게 원망을 맺는 것을 화를 심는다고 말한다.

주55. (看 兒 也 應 作 將 親)

　　　→ (　　　　　　　　　　)

　　<풀이> 또한 응당 어버이를 대하는 마음을 자식을 보는 듯이 여겨야 된다네.

※ 다음 ○에 들어갈 漢字 또는 漢字語를 쓰시오.

주56. 文章李太白 筆法○○○　　　　　　　　　　(　　　　　)

주57. ○○有命 富貴在天　　　　　　　　　　　　(　　　　　)

※ 다음 문장에서 밑줄친 부분을 해석하시오.

주58. <u>白酒紅人面</u>
　　（　　　　　　　　　　　　　　　　　　　　　　　　　　　）

주59. <u>婚娶而論財 夷虜之道也</u>
　　（　　　　　　　　　　　　　　　　　　　　　　　　　　　）

주60. <u>勸君更盡一杯酒</u>
　　（　　　　　　　　　　　　　　　　　　　　　　　　　　　）

주61. <u>虹爲百尺橋</u>
　　（　　　　　　　　　　　　　　　　　　　　　　　　　　　）

주62. <u>大廈千間 夜臥八尺 良田萬頃 日食二升</u>
　　（　　　　　　　　　　　　　　　　　　　　　　　　　　　）

주63. 衆好之 必察焉 <u>衆惡之 必察焉</u>
　　（　　　　　　　　　　　　　　　　　　　　　　　　　　　）

주64. <u>知足可樂 務貪則憂</u>
　　（　　　　　　　　　　　　　　　　　　　　　　　　　　　）

주65. <u>父母一開口 便道多閑管</u>
　　（　　　　　　　　　　　　　　　　　　　　　　　　　　　）

※ 다음 물음에 답하시오.

주66. 다음 설명에 해당하는 한자·한자어 학습법에 대해 쓰시오. （　　　　　）

> 모양이 비슷한 한자, 또는 뜻이 비슷한 경우와 반대 되는 경우의 한자를 알아보는 학습법이다. 이 학습법은 한자·한자어 응용 학습의 일종으로 협동 학습이나 집단 학습에 적용하기 좋으며, 학습자의 동기 유발을 통해 조어력의 기초를 형성할 수 있다.
> 예) 비슷한 한자(鳴—嗚), 상반된 한자(大↔小)

주67. 漢字를 쉽고 재미있게 지도할 수 있는 수업방법 중 두 가지만 쓰시오.
   (,   )

주68. 다음 설명에 해당하는 평생교육의 특성을 쓰시오.   (   )

> 평생교육체제는 성·계급·종교·연령·학력에 관계없이 누구나 자신의 삶의 질을 향상시키기 위해 계속하여 교육을 받을 수 있는 체제를 수립하고자 한다.

※ 다음 물음에 답하시오.

> (가) 성인들이 개별적으로 취득한 다양한 교육과 학습경험을 종합적으로 누적·기록·관리하고, 이를 객관적으로 인증함으로써 국민의 평생교육, 특히 취업자의 계속교육을 촉진하기 위한 제도이다.
>
> (나) 대학 교육과정에 준하는 표준교육과정을 근거로 인정된 평생교육기관들의 교육이수결과를 대학의 학점에 준하여 인정해주는 제도이다.

주69. (가)에서 설명하는 제도를 쓰시오.   (   )

주70. (나)에서 설명하는 제도를 쓰시오.   (   )

국가공인
한자·한문지도사 2급 기출문제

1회

수험번호 □□□-□□-□□-□□□□ 성명

※ 수험생 유의사항

- 시험 시간은 80분간입니다.
- 객관식 30문항, 주관식 70문항으로 총 100문항입니다.
- 수험표에 표기된 응시급수와 문제지의 급수가 같은지 확인하시오.
- 답안지에 성명, 수험번호, 생년월일을 정확하게 표기하시오.
- 답안지의 객관식 답안란에는 컴퓨터용 펜을 사용하시오.
- 답안지의 객관식 답안의 수정은 수정테이프 만을 사용하시오.
- 답안지의 주관식 답안란에는 반드시 검정색펜을 사용하고, 수정은 두 줄로 긋고 다시 작성하시오.
- 수험생의 잘못으로 인해 답안지에 이물질이 묻거나, 객관식 답안에 복수로 체크할 경우 오답으로 처리되니 주의하시오.
- 감독관의 지시가 있을 때까지 문제를 풀지 마시오.
- 시험 종료 후에는 필기도구를 내려놓고 감독관의 지시를 따르시오.
- 시험문제지와 답안지를 감독위원에게 모두 제출하시오.

社團法人 漢字教育振興會
한국한자실력평가원

1회 국가공인 한자·한문지도사 2급 기출문제

객관식(30문항)

과목1. 한자의 기초

※ 다음 물음에 답하시오.

1. 다음은 漢字의 기원과 변천에 관한 설명이다. ㉠, ㉡에 해당하는 인물을 차례로 나열한 것은?

> 전설에 따르면 史官이었던 (㉠)이 황하변의 새 발자국을 보고 처음으로 한자를 만들었다고 한다. 갑골문자 시대에 3천자 정도였던 한자는 점차 증가하여, 한나라 때 (㉡)이 지은 <說文解字>의 敍에 실린 글자의 수는 총 9,353자였으며, 오늘날 확인되는 한자의 수는 약 86,000자가 넘는다.

① ㉠-창힐(蒼頡) ㉡-허신(許愼)
② ㉠-허신(許愼) ㉡-창힐(蒼頡)
③ ㉠-창힐(蒼頡) ㉡-이사(李斯)
④ ㉠-이사(李斯) ㉡-허신(許愼)

2. 한자의 조자원리에 대한 설명으로 바르지 않은 것은?
① 晴, 肝, 景 등은 대표적인 形聲字이다.
② 象形字는 사물의 모양을 본 떠 만들었다.
③ 象形字와 指事字는 한자의 80%이상을 차지한다.
④ 會意字는 둘 이상의 한자가 결합하여 만들어진 새로운 뜻을 가진 한자를 말한다.

3. 다음 중 옥편(玉篇) 또는 자전(字典)에서 활용한 예로 적절하지 않은 것은?

번호	찾을 한자	방법	검색
①	隘	부수	阜
②	複	부수	示
③	齊	총획	14
④	滑	음	활

4. 다음의 설명에 해당하는 한자는?

금문	소전	풀이
		동물의 긴 털을 뜻함

① 韭 ② 首 ③ 髟 ④ 非

5. 다음 중 正字와 略字의 짝이 바르지 않은 것은?
① 擔-拠 ② 鹽-塩 ③ 驗-験 ④ 黨-党

과목2. 한자의 활용

※ 다음 물음에 답하시오.

6. 다음 중 한자어의 짜임이 다른 하나는?
① 厭世 ② 茶果 ③ 沈沒 ④ 搜索

7. 다음 성어 중 나머지와 의미가 다른 것은?
① 絶世佳人 ② 丹脣皓齒
③ 花容月態 ④ 傍若無人

8. 다음 중 한자 표기가 바르지 않은 것은?
① 赤裸裸 ② 汗蒸幕 ③ 割剖金 ④ 影印本

9. 다음 중 한자어의 뜻이 바르지 않은 것은?
① 傘下 : 어떤 조직체나 세력의 관할 아래
② 示唆 : 그 당시에 일어난 여러 가지 사회적 사건
③ 諷刺 : 남의 결점을 다른 것에 빗대어 비웃으면서 폭로하고 공격함
④ 攝理 : 자연계를 지배하고 있는 원리와 법칙

10. 다음 중 성어의 활용이 잘못된 것은?
① 心機一轉하여 시험에 재도전하기로 하였다.
② "그 사람 융통성 없기는 守株待兔로구만!"
③ 자기 주관 없이 附和雷同하여서는 안 된다.
④ "가는 날이 장날이라더니 多岐亡羊이로군!"

과목3. 한자와 한문

※ 다음 물음에 답하시오.

11. 다음 문장과 對句를 이루는 문장은?

> 歲去人頭白

① 野廣天低樹
② 秋來樹葉黃
③ 天寒白屋貧
④ 黃鶯一片金

12. 다음 문장과 관련된 성어는?

> 白酒紅人面 黃金黑吏心

① 見物生心
② 近墨者黑
③ 群鷄一鶴
④ 人面獸心

13. 다음 중 해석이 바르지 않은 것은?
① 虹爲百尺橋 : 무지개는 백 척의 다리가 되었네.
② 言出難更收 : 말은 한번 나오면 다시 거두기 어렵다.
③ 遠水連天碧 : 멀리 강물은 하늘과 이어져 함께 푸르다.
④ 國亂思良相 : 나라가 어지러우면 생각하여 서로서로 도와야 한다.

14. 다음 중 청각적 이미지가 가장 두드러진 문장은?
① 掬水月在手
② 氷解魚初躍
③ 伐木山雉雉
④ 平原芳草綠

※ 다음 물음에 답하시오.

15. 다음 중 문맥상 밑줄 친 '與'의 의미가 나머지와 다른 하나는?
① 懷妬報寃 與子孫之危患
② 養親 只二人 常與兄弟爭
③ 施恩 勿求報 與人 勿追悔
④ 憐兒 多與棒 憎兒 多與食

16. 다음 중 비교형 문장이 사용되지 않은 것은?
① 白玉投於泥塗 不能汚穢其色
② 寧無事而家貧 莫有事而家富
③ 一條心兩條路 爲兒終不如爲父
④ 大丈夫見善明故 重名節於泰山

※ 다음 글을 읽고 물음에 답하시오.

> 一朝官 出宰晉陽 政令殘暴 徵斂無度 雖山林果蔬 ㉠利無所遺 (중략) 一日 寺僧 ㉡來謁州宰 宰曰 汝寺瀑布想佳 僧 ㉢不知瀑布爲何物 恐亦徵斂 應聲曰 我寺瀑布 今夏 ㉣爲猪喫盡

17. ㉠~㉣에 대한 해석으로 적절하지 않은 것은?
① ㉠ : 이익이 없어 버렸다.
② ㉡ : 와서 고을 사또를 알현했다.
③ ㉢ : 폭포가 어떤 물건인지를 몰랐다.
④ ㉣ : 돼지에게 모두 먹혔다.

18. 본문의 주제로 적절한 것은?
① 蚌鷸之爭
② 塗炭之苦
③ 兎死狗烹
④ 群盲撫象

19. 윗 글의 특징으로 적절한 것은?
① 回顧的
② 滑稽的
③ 抒情的
④ 審美的

※ 다음 글을 읽고 물음에 답하시오.

> 母 以橘二枚 授二子 幼子 置不食 母問何故 曰 ⓐ頃者 兒有㉠過 父親 禁勿食也 父ⓑ適入聞之 喜曰 兒能不欺爾母 可以食橘矣   <三國遺事>

20. ㉠의 의미로 적절한 것은?
① 過失　② 過程　③ 看過　④ 通過

21. 문맥상 ⓐ와 ⓑ의 해석으로 적절한 것은?
① ⓐ : 지난번에　ⓑ : 마침내
② ⓐ : 지난번에　ⓑ : 때마침
③ ⓐ : 나중에　ⓑ : 마침내
④ ⓐ : 나중에　ⓑ : 때마침

22. 위 글에서 아버지가 기뻐한 이유로 적절한 것은?
   ① 형에게 먹을 것을 양보해서
   ② 먹을 것을 절약하는 마음가짐 때문에
   ③ 어머니를 속이지 않았으므로
   ④ 아버지를 위해 먹을 것을 남겨놓았기 때문에

※ 다음 글을 읽고 물음에 답하시오.

> (가) 坐密室 如通衢 馭寸心 如六馬 可免過
> (나) ㉠一命之士 苟有存心於愛物 於人 必有所濟
> (다) 君子 有三戒 少之時 血氣未定 戒之在（ⓐ） 及其壯也 血氣方剛 戒之在（ⓑ） 及其老也 血氣旣衰 戒之在（ⓒ）

23. (가)의 주제로 적절한 것은
   ① 修身   ② 齊家   ③ 治國   ④ 平天下

24. ㉠의 뜻으로 적절한 것은?
   ① 처음 벼슬을 하는 관리
   ② 군주의 신임을 받는 관리
   ③ 장원으로 합격한 선비
   ④ 목숨을 가벼이 여기는 선비

25. ⓐ~ⓒ에 알맞은 한자를 차례로 배열한 것은?
   ① 鬪 - 色 - 得   ② 色 - 鬪 - 得
   ③ 得 - 鬪 - 色   ④ 得 - 色 - 鬪

※ 다음 물음에 답하시오.

26. 다음 중 유네스코(UNESCO)에 대한 설명으로 바르지 않은 것은?
   ① 국제연합의 전문기구 중 하나이다.
   ② 초기에는 아동기초교육에 초점을 두었다.
   ③ 1965년 랭그랑이 제안한 '평생교육' 개념을 받아 들였다.
   ④ 교육·과학·문화의 국제적인 개발과 보급에 노력한다.

27. 다음에 설명하고 있는 평생교육의 특성은?

> 가) 인간의 삶의 질 향상이 목적인 평생교육은 교육자 중심이던 학교중심교육과는 달리 학습자 중심의 교육을 지향한다.
> 나) 다양한 학습요구를 가지고 있는 학습자들이 자기의 조건에 적합한 방식으로 학습할 수 있도록 교육내용, 교육장소, 교육서적, 교육방법 등을 다양하게 만들자는 것을 말한다.

   ① 총체성   ② 민주성   ③ 유연성   ④ 통합성

28. 우리나라의 평생교육 발전에 대한 설명으로 적절하지 않은 것은?
   ① 유네스코 한국위원회에서는 1973년 '평생교육 발전 세미나'를 개최하여 평생교육에 대한 논의가 확산되는 계기를 만들었다.
   ② 1980년 10월 27일에 전문 개정된 헌법에 처음으로 평생교육에 관한 조문이 포함되었다.
   ③ 1997년 제정된 교육기본법에서는 사회교육에 관한 규정을 보완하여 학교교육과 사회교육이 평생교육의 차원에서 유기적인 연계를 갖추도록 하였다.
   ④ 1999년 8월 31일 종래의 평생교육법을 사회교육법으로 개정하였다.

29. 고등학교 '한문'의 일반적인 목표로 적절하지 않은 것은?
   ① 언어생활에 바르게 읽고 쓰기
   ② 한문으로 작문할 수 있는 기초적인 능력 배양
   ③ 한문 기록에 담긴 선인들의 삶과 지혜를 통한 건전한 가치관과 바람직한 인성의 확립
   ④ 전통 문화를 이해하고 계승 발전시키려는 태도와 한자 문화권에서의 상호 이해와 교류 증진

30. 한자·한문에 대한 이해로 바르지 않은 것은?
   ① 우리 전통문화의 모습이 담겨있다.
   ② 동아시아 문화를 이해하기 위해 필요하다.
   ③ 국어와 별개로 이해해야 한다.
   ④ 컴퓨터를 비롯한 각종 문명 이기의 발달로 한자의 비능률성은 극복되고 있다.

주관식(70문항)

과목1. 한자의 기초

※ 다음 표를 보고 물음에 답하시오.

甲骨文	金文	㉠	隸書

주1. ㉠에 들어갈 내용을 漢字로 쓰시오.
( )

주2. 위에서 설명하는 漢字를 쓰시오.
( )

주3. 위에서 설명하는 漢字를 부수로 하는 漢字를 3개 쓰시오.(제부수 제외)
(, ,)

※ 다음은 하나의 漢字가 활용된 용례이다. 물음에 답하시오.

한자	용례 1	훈음 1	용례2	훈음 2
易	難易	쉬울 이	貿易	바꿀 역
索	搜索	ⓐ	索寞	ⓑ
數	數學	ⓒ	頻數	ⓓ

주4. ⓐ, ⓑ에 알맞은 훈음을 차례로 쓰시오.
(ⓐ ⓑ)

주5. ⓒ, ⓓ에 알맞은 훈음을 차례로 쓰시오.
(ⓒ ⓓ)

※ 다음 □안에 뜻이 반대(상대)되는 漢字를 넣어 漢字語를 완성하시오.

주6. □速 ( )

※ 다음 □안에 뜻이 같거나 비슷한 漢字를 넣어 漢字語를 완성하시오.

주7. □買 ( )
주8. 層□ ( )

※ 다음 漢字를 簡體字로 쓰시오.

주9. 聰明 ( )
주10. 習慣 ( )

과목2. 한자의 활용

※ 다음 물음에 답하시오.
주11. '雄雌'의 짜임을 쓰시오. (관계)
주12. '鼻祖'의 類義語를 漢字로 쓰시오.
( )
주13. '鈍感'의 反義語를 漢字로 쓰시오.
( )

※ 다음 □안에 공통으로 들어갈 漢字를 쓰시오.
주14. 昏□ □眠 午□ ( )
주15. □眉 □燥 □點 ( )

※ 다음 문장에 맞게 밑줄 친 同音異義語를 漢字로 쓰시오.

주16. 나의 잘못을 관대히 용서해 주셨다.
( )

주17. 사모관대로 차린 신랑이 초례상 앞으로 나왔다. ( )

※ 다음 문장에서 잘못 표기된 漢字를 바르게 고쳐 쓰시오.

주18. 暴雨로 縮臺가 무너졌다.
(→)

주19. 結婚式을 마치고 시부모님께 弊帛을 드렸다.
(→)

주20. 滯納된 稅金 徵受를 위해 催告狀을 發付하였다. (→)

※ 다음 글을 읽고 물음에 답하시오.

> ㉠소인은 중국 楚나라의 屈原이 지은 '이소부'에서 유래한 말로, 풍류를 즐기고 읊는 문인이나 시인을 일컫는 말이며, ㉡묵객은 글씨를 쓰거나 그림을 그리는 사람을 말한다.

주21. ㉠을 漢字로 쓰시오. ( )
주22. ㉡을 漢字로 쓰시오. ( )

※ 다음 글을 읽고 물음에 답하시오.

> (가) 까마귀는 새끼가 알에서 깨면 60일 동안 먹이를 물어다가 먹이는데, 그 까마귀가 자라나면 역시 60일 동안 어미에게 먹이를 물어다 주어, 길러 준 은혜에 보답한다고 한다.
>
> (나) 『詩經』의 해설서인 韓詩外傳에, '나무가 고요하고자 하지만 바람이 그치지 않고, 자식이 ㉠봉양하려 하지만 어버이가 기다려 주지 않는다.' 고 하여 부모에게 효도를 다하려할 때에는 이미 돌아가셔서 그 뜻을 이룰 수 없음을 한탄한다는 뜻의 성어도 있다.

주23. ㉠을 漢字로 쓰시오. ( )
주24. (가)에서 유래한 성어를 4음절의 漢字로 쓰시오. ( )
주25. (나)에서 말하는 성어를 4음절의 漢字로 쓰시오. ( )

과목3. 한자와 한문

※ 다음 글을 읽고 물음에 답하시오.

> (가) 凡ⓐ諸卑幼 事無大小 毋得專行 ㉠必咨稟於家長 <明心寶鑑>
>
> (나) 宋人得玉 獻ⓑ諸司城子罕 ㉡子罕不受 獻玉者曰 以示玉人 玉人以爲寶 故獻之 子罕曰 我以不貪爲寶 爾以玉爲寶 ⓒ若以與我 皆ⓓ喪寶也 不ⓓ若人有其寶 <蒙求>

주26. 문맥상 ⓐ와 ⓑ의 뜻을 차례로 쓰시오.
(ⓐ   ⓑ   )
주27. ㉠을 해석하시오.
(   )
주28. ㉡의 이유를 간략히 쓰시오.
(   )
주29. 문맥상 ⓒ와 ⓓ의 뜻을 차례로 쓰시오.
(ⓒ   ⓓ   )
주30. 문맥상 ⓔ의 뜻을 쓰시오.
(   )

※ 다음 글을 읽고 물음에 답하시오.

> 伯牙 善鼓琴 種子期 善聽 伯牙鼓琴 志在流水 種子期曰 善哉 洋洋兮若江河 伯牙所念 種子期必得之 伯牙遊於泰山之陰 卒逢暴雨 止於巖下 心悲 乃授琴而鼓之 曲每奏 種子期輒窮其趣 伯牙 乃㉠舍琴而歎曰 善哉善哉 ㉡子之聽夫志 想象猶吾心也 吾於何逃聲哉

주31. 위 글에서 유래한 2음절의 성어를 漢字로 쓰시오. ( )
주32. ㉠을 해석하시오.
(   )
주33. ㉡을 해석하시오.
(   )

※ 다음 漢詩를 읽고 물음에 답하시오.

> (가) 鳥宿池邊樹 僧㉠敲月下門
> (나) 栗黃鵰來拾 柿(㉡)兒㉢上摘
> (다) 月移ⓐ山影改 日下ⓑ樓痕消

주34. (가)는 唐의 시인 賈島가 ㉠에 알맞은 한자를 두고 고민 끝에 완성한 시이다. 여기서 유래한 2음절의 성어를 漢字로 쓰시오.
(   )
주35. ㉡에 알맞은 漢字를 쓰시오. ( )
주36. ㉢의 품사를 쓰시오. ( )

주37. (다)는 순우리말을 가차해서 지은 해학적인 시이다. ⓐ와 ⓑ에 해당하는 순 우리말을 차례로 쓰시오.
(ⓐ   ⓑ   )

※ 다음 漢詩를 읽고 물음에 답하시오.

(가) 渭城朝雨浥輕塵 客舍青青柳色新
　　 勸(ⓐ)更盡一杯酒 西出陽關無故人
(나) ㉠雨歇長堤草色多 送(ⓑ)南浦動悲歌
　　 大同江水何時盡 ㉡별루年年添綠波

주38. (가)와 (나)의 화자가 직면한 공통적인 상황을 2음절의 한자어로 쓰시오.(   )
주39. ⓐ과 ⓑ에 공통으로 들어갈 漢字를 쓰시오.
(   )
주40. ㉠을 해석하시오.
(   )
주41. ㉡을 漢字로 쓰시오. (   )

※ 다음 글을 읽고 물음에 답하시오.

花落花開開又落 ㉠錦衣布衣更換着 豪家未必常富貴 貧家未必長㉡적막 扶人未必上青霄 推人未必㉢塡溝壑 勸君凡事莫怨天 天意於人㉣無厚薄　　<明心寶鑑>

주42. 윗글의 주제를 표현하기에 적합한 사자성어를 漢字로 쓰시오.
(   )
주43. ㉠과 상징성이 비슷한 2음절의 한자어를 본문에서 찾아 쓰시오.
(   )
주44. ㉡을 漢字로 쓰시오.
(   )
주45. ㉢의 독음을 쓰시오.
(   )
주46. ㉣의 뜻을 2음절의 한자어로 쓰시오.
(   )

※ 다음 글을 읽고 물음에 답하시오.

(가) 幼兒尿糞穢 君心無㉠염기 老親涕唾零 ⓐ反有憎嫌意 六尺軀來何處 父精母血成汝體 勸君敬待老來人 壯時爲爾筋骨敝
(나) 景行錄云 人性 如水 ㉡水一傾則不可復 性一縱則不可ⓑ反 制水者 必以堤防 制性者 必以禮法　　<明心寶鑑>

주47. (가)에서 강조하고 있는 것을 1음절의 漢字로 쓰시오. (   )
주48. ㉠을 漢字로 쓰시오. (   )
주49. ㉡을 해석하시오.
(   )
주50. 문맥에 맞게 ⓐ와 ⓑ의 뜻을 각각 쓰시오.
(ⓐ   ⓑ   )

※ 다음 글을 읽고 물음에 답하시오.

印觀 賣綿於市 有署調者 以穀買之而還 有鳶 攫其綿 墮印觀家 印觀 歸于署調曰 鳶墮㉠汝綿於吾家 故 還汝 署調曰 鳶 攫綿與汝 天也 ㉡吾何爲受 印觀曰 然則還汝穀 署調曰 吾與汝者 市二日 穀已屬汝矣 二人相讓 幷棄於市 掌市官 以㉢聞王 ㉣竝賜爵

주51. ㉠이 지시하는 대상을 본문에서 찾아 쓰시오.
(   )
주52. ㉡처럼 말한 이유를 간략히 쓰시오.
(   )
주53. 문맥상 ㉢의 뜻을 쓰시오.
(   )
주54. ㉣의 이유를 간략히 쓰시오.
(   )

※ 제시된 <풀이>에 맞게 ( )안의 漢字들을 모두 이용하여 바르게 배열하시오.

주55. (江 去 長 地 割)
  (   )
  <풀이> 긴 강물은 땅을 가르고 간다.

주56. (其 其 謀 不 不 位 在 政)
  (   )
  <풀이> 그 지위에 있지 않으면 그 정사를 도모하지 않아야 된다.

※ 다음 ○에 들어갈 단어를 漢字로 쓰시오.

주57. ○爲無柄扇 星作絶纓珠 (   )

주58. ○○不事二君 烈女不更二夫 (   )

※ 다음 문장에서 밑줄 친 부분을 해석하시오.

주59. <u>十飯一匙</u> 還成一飯
  (   )

주60. <u>鳥久止 必帶矢</u>
  (   )

주61. <u>酒中不語 眞君子</u>
  (   )

주62. <u>糞土之墻 不可圬也</u>
  (   )

주63. <u>割股還是親的肉</u> 勸君亟保雙親命
  (   )

주64. <u>鐵窓猶有鎖不得</u> 夜聞鐘聲何處來
  (   )

주65. <u>不積頤步</u> 無以至千里
  (   )

※ 다음은 고등학교 교육과정해설서의 일부이다. 내용을 읽고 물음에 답하시오.

(가) 한시를 읽을 때에는 시구를 읽을 때와 마찬가지로 5언구는 (㉠)자와 (㉡)자로 띄어 읽고, 7언구는 4자와 3자로 띄어 읽는다.

(나) 한시는 시상의 전개가 '起'(시상을 불러일으킴.), '(㉢)'(시상을 발전시켜 펼침.), '(㉣)'(시상을 비약, 전환시킴.), '結'(시상을 총괄하여 마무리함.)의 네 단계를 거치는데, 이 과정을 통하여 한시를 바르게 풀이하도록 한다.

주66. ㉠과 ㉡에 알맞은 숫자를 차례로 쓰시오.
  (㉠   ㉡   )

주67. ㉢과 ㉣에 알맞은 漢字를 차례로 쓰시오.
  (㉢   ㉣   )

※ 다음은 평생교육진흥을 위한 다양한 방안에 대한 설명이다. 물음에 답하시오.

(가) 중요무형문화재인 전통예술과 전통기능의 예능과 기능보유자들의 전승자 양성을 위한 정책으로 예능과 기능 보유자의 문하생들에게 학력과 학위를 인정하는 제도이다.

(나) 각 개인이 받은 학교교육과 학교 밖에서 그리고 학교를 졸업한 후에 다양한 교육과 학습활동을 누적 기록하는 일종의 '국민종합교육학습기록부'라 할 수 있다.

(다) 직업인으로서 갖추어야 할 기초직업능력을 분야별·수준별로 기준을 설정하고 객관적으로 측정하여 해당 능력의 소지 여부를 공식적으로 인증해 주는 제도이다.

주68. (가)에서 설명하는 제도의 명칭을 쓰시오.
  (   )

주69. (나)에서 설명하는 제도의 명칭을 쓰시오.
  (   )

주70. (다)에서 설명하는 제도의 명칭을 쓰시오.
  (   )

★ 수고하셨습니다.

국가공인
한자·한문지도사 2급 기출문제

2회

수험번호 □□□-□□-□□-□□□□ 성명

※ 수험생 유의사항

- 시험 시간은 80분간입니다.
- 객관식 30문항, 주관식 70문항으로 총 100문항입니다.
- 수험표에 표기된 응시급수와 문제지의 급수가 같은지 확인하시오.
- 답안지에 성명, 수험번호, 생년월일을 정확하게 표기하시오.
- 답안지의 객관식 답안란에는 컴퓨터용 펜을 사용하시오.
- 답안지의 객관식 답안의 수정은 수정테이프 만을 사용하시오.
- 답안지의 주관식 답안란에는 반드시 검정색펜을 사용하고, 수정은 두 줄로 긋고 다시 작성하시오.
- 수험생의 잘못으로 인해 답안지에 이물질이 묻거나, 객관식 답안에 복수로 체크할 경우 오답으로 처리되니 주의하시오.
- 감독관의 지시가 있을 때까지 문제를 풀지 마시오.
- 시험 종료 후에는 필기도구를 내려놓고 감독관의 지시를 따르시오.
- 시험문제지와 답안지를 감독위원에게 모두 제출하시오.

社團法人 漢字敎育振興會
한국한자실력평가원

2회 국가공인 한자·한문지도사 2급 기출문제

객관식(30문항)

과목1. 한자의 기초

※ 다음 물음에 답하시오.

1. 다음의 설명에 해당하는 서체는?

   > 번잡한 전서를 생략하여 만든 서체로, 노예와 같이 천한 일을 하는 사람도 이해하기 쉽도록 한 글씨라는 뜻에서 붙은 이름이다.

   ① 楷書　② 小篆　③ 隸書　④ 金石文

2. 다음의 <보기>와 조자원리가 같은 한자는?

   > <보기>　人+言→信　　女+子→好

   ① 武　② 象　③ 論　④ 本

3. 다음 중 옥편(玉篇) 또는 자전(字典)을 활용하여 한자를 찾는 방법으로 적절하지 않은 것은?

번호	찾을 한자	방법	검색
①	鼓	부수	支
②	矣	독음	의
③	裁	독음	재
④	竊	총획	22

4. 다음의 설명에 해당하는 한자는?

갑골문	금문	풀이
※	※	짐승의 발자국 모양을 본떠 발자국에 따라서 분별하여 나눈다는 뜻의 부수 글자

   ① 未　② 走　③ 豸　④ 釆

5. 다음 중 正字와 略字의 짝이 바르지 않은 것은?

   ① 爐-炉　② 勸-励　③ 條-条　④ 獻-献

과목2. 한자의 활용

※ 다음 물음에 답하시오.

6. 다음 중 한자어의 짜임이 다른 하나는?

   ① 騰落　② 優劣　③ 霜降　④ 添削

7. 다음 성어 중 나머지와 의미가 다른 것은?

   ① 晚時之歎　② 多岐亡羊
   ③ 亡羊補牢　④ 死後藥方文

8. 다음 중 한자 표기가 바르지 않은 것은?

   ① 磁外線　② 要衝地　③ 焦土化　④ 投票函

9. 다음 중 한자어의 뜻이 바르지 않은 것은?

   ① 僻地: 외따로 뚝 떨어져 있는 궁벽한 땅
   ② 赴任: 임명이나 발령을 받아 근무할 곳으로 감
   ③ 爛商: 모임 따위에 사람이 많이 모여 활기에 찬 분위기
   ④ 棟梁: 집안이나 나라를 떠받치는 중대한 일을 맡을 만한 인재

10. 다음 중 성어의 활용이 잘못된 것은?

    ① 그의 무죄판결은 事必歸正이다.
    ② 그의 성공신화에서 七顚八起의 정신을 배울 수 있었다.
    ③ 1,2위 순위다툼에서 반칙이 발생하자 3위였던 그가 漁父之利로 우승을 차지하였다.
    ④ 이번 여행은 走馬加鞭식으로 다양한 전통문화를 체험할 수 있도록 하였다.

과목3. 한자와 한문

※ 다음 물음에 답하시오.

11. 다음 문장과 對句를 이루는 문장은?

> 初月將軍弓

① 高山白雲起　② 流星壯士矢
③ 虹爲百尺橋　④ 掬水月在手

12. 다음 문장과 관련된 성어는?

> 一日不讀書 口中生荊棘

① 手不釋卷　② 塗炭之苦
③ 群鷄一鶴　④ 口蜜腹劍

13. 다음 중 해석이 바른 것은?
① 柿紅兒上摘 : 감이 붉으니 아이 위에 떨어진다.
② 高峯撑天立 : 높은 봉우리는 하늘을 버티고 서있다.
③ 月光掃還生 : 달빛 아래서 청소를 하고 돌아갔다.
④ 鳥啼淚難看 : 새가 눈물 흘리며 우는 모습을 어렵게 보았다.

14. 다음 문장의 ㉠과 바꾸어 쓸 수 있는 것은?

> 學文千㉠載寶 貪物一朝塵

① 乘　② 任　③ 重　④ 年

※ 다음 물음에 답하시오.

15. 다음 ㉠과 ㉡에 대한 설명으로 적절한 것은?

> (가) 孝順㉠還生孝順子
> (나) 李公遂㉡還自北京

① ㉠은 동사고 ㉡은 형용사다.
② ㉠은 부사고 ㉡은 동사다.
③ ㉠은 실사고 ㉡은 허사다.
④ ㉠과 ㉡은 모두 허사다.

16. '被'의 기능이 다음 문장의 밑줄 친 부분과 같이 쓰인 것은?

> 我若被人罵 佯聾不分說

① 夏則扇枕 冬則溫被
② 功被天下 守之以讓
③ 身被一縷 常思織女之勞
④ 勸君養親須竭力 當初衣食被君侵

※ 다음 글을 읽고 물음에 답하시오.

> (가) 朱子曰 勿謂今日不學而有來日 勿謂今年不學而有來年 日月逝矣 歲不我延 ㉠嗚呼老矣 是誰之愆
> (나) 與其病後能服藥 不若病前能自防

17. (가)의 주제와 가장 유사한 것은?
① 器滿則溢 人滿則喪
② 尺璧非寶 寸陰是競
③ 爲善者 天報之以福
④ 父不憂心因子孝

18. 다음 중 ㉠과 문장 형식이 같은 것은?
① 善哉言乎　② 何爲忍之
③ 鳥逐花間蝶　④ 勿使悲歡極

19. (나)의 주제로 적절한 것은?
① 識字憂患　② 藥房甘草
③ 有備無患　④ 口蜜腹劍

※ 다음 글을 읽고 물음에 답하시오.

(가) (㉠陰漠漠四山空 落葉無聲滿地紅
　　　立馬溪橋問歸路 ⓐ不知身在畫圖中

(나) (㉡)雨細不滴 夜中微有聲
　　　雪盡南溪漲 草芽多少生

20. (가)와 (나)의 공통적인 주제로 적절한 것은?
① 자연을 감상함
② 나라를 걱정함
③ 연인을 그리워함
④ 농민의 참상을 고발함

21. ㉠과 ㉡에 알맞은 한자가 차례로 나열된 것은?
① 夏, 秋　② 秋, 春　③ 秋, 冬　④ 春, 冬

22. (가)의 전체적인 흐름상 시인의 정서가 ⓐ와 가장 유사한 것은?
① 別有天地非人間
② 客舍青青柳色新
③ 衾寒如鐵夢如灰
④ 別淚年年添綠波

※ 다음 글을 읽고 물음에 답하시오.

李公遂 還自北京 中路馬困 粟積于無人之野 從者 取之而食馬 公遂 以其時價 留布粟積中 從者曰 人必取去 何益 公遂曰 吾固知之 (㉠) 必如是而後 吾心得安

23. 윗글의 제목으로 적절한 것은?
① 良心　② 儉素　③ 禁慾　④ 孝道

24. 윗글의 내용으로 적절하지 않은 것은?
① 공수는 하인과 북경에서 돌아오는 길이다.
② 하인이 배가 고파 말을 잡아먹었다.
③ 공수는 곡식더미 안에 옷감을 남겨 두었다.
④ 공수는 옷감들을 누가 가져갈 것이라는 것을 알았다.

25. 문맥상 ㉠에 알맞은 한자는?
① 故　② 然　③ 以　④ 是

※ 다음 물음에 답하시오.

26. 다음 중 평생교육의 등장 배경으로 적절한 것은?
① 여가시간의 증가
② 아동교육의 확대
③ 인간 평균수명의 감소
④ 농경사회의 발달

27. 평생교육의 특성으로 적절하지 않은 것은?
① 총체성　② 민주성　③ 유연성　④ 획일성

28. 다음이 설명하고 있는 것은?

(가) 성인들이 개별적으로 취득한 다양한 교육과 학습경험을 종합적으로 누적·기록 관리하고, 이를 객관적으로 인증함으로써 국민의 평생교육, 특히 취업자의 계속 교육을 촉진하기 위해 제안한 제도이다.

(나) 각 개인이 받은 학교교육과 학교 밖에서 그리고 학교를 졸업한 후에 다양한 교육과 학습활동을 누적 기록하는 일종의 '국민종합교육학습기록부'라 할 수 있다.

① 학습계좌제　② 대학시간 등록제
③ 독학학위제　④ 직업능력인증제

29. 한문과의 평가 계획으로 바른 것은?
① 문법의 평가 비중을 높인다.
② 획수, 필순 등의 평가 비중을 높이도록 한다.
③ 한자의 짜임, 부수 등의 평가 비중을 높이도록 한다.
④ 고사성어는 속뜻을 이해하고 있는지의 여부에 중점을 두어 평가한다.

30. 한자·한자어의 지도방법으로 가장 어울리지 않은 것은?
① 색출법　② 언어 활용법
③ 비교 학습법　④ 역할 놀이 학습법

주관식(70문항)

과목1. 한자의 기초

※ 다음 물음에 답하시오.

주1. 한자의 三要素에 유의하여 ㉠과 ㉡에 알맞은 내용을 쓰시오.

形(모양)	義(뜻)	音(소리)
冒	무릅쓰다	(㉠)
(㉡)	험하다	험

(㉠   ㉡   )

주2. 다음 漢字의 部首와 部首의 훈음을 쓰시오.

韓   (부수: 부수의 훈음:)

※ 다음 표를 보고 물음에 답하시오.

갑골문	소전	풀이
ß	𨸏	흙이 높이 쌓이고 능선이 겹쳐진 가파른 언덕의 모양을 본뜬 부수글자

주3. 위 설명에 해당하는 漢字를 쓰시오. (   )

주4. 위 부수글자에 해당하는 漢字를 두 개만 쓰시오.(제부수 제외)   (,   )

※ 다음은 하나의 漢字가 활용된 용례이다. 물음에 답하시오.

한자	용례1	훈음1	용례2	훈음2
省	省略	덜 생	省墓	살필 성
率	統率	㉠	確率	㉡
賈	賈氏	㉢	商賈	㉣

주5. ㉠, ㉡에 알맞은 훈음을 차례로 쓰시오.
(㉠   ㉡   )

주6. ㉢, ㉣에 알맞은 훈음을 차례로 쓰시오.
(㉢   ㉣   )

※ 다음 □안에 뜻이 같거나 비슷한 漢字를 넣어 漢字語를 완성하시오.

주7. 毛□   (   )
주8. 迅□   (   )

※ 다음 漢字를 簡體字로 쓰시오.
주9. 衛 : (   )   주10. 歡 : (   )

과목2. 한자의 활용

※ 다음 물음에 답하시오.

주11. '遺蹟'의 짜임을 쓰시오. (관계)

주12. '二律背反'과 같은 뜻을 가진 2음절의 성어를 漢字로 쓰시오.
(   )

주13. '親密'의 反義語를 漢字로 쓰시오.
(   )

※ 다음 □안에 공통으로 들어갈 漢字를 쓰시오.

주14. 受□   □辱   □蔑   (   )
주15. 混□   鈍□   □酒   (   )

※ 다음 문장에 맞게 밑줄 친 同音異義語를 漢字로 쓰시오.

주16. 국립공원 내에서는 취사가 금지되었다.
(   )

주17. 원고의 내용을 편집자의 의도에 맞게 취사 선택하였다.
(   )

※ 다음 문장에서 잘못 표기된 漢字를 바르게 고쳐 쓰시오.

주18. 그 督志家의 善行이 僞善이었다는 소식에 적잖이 失望하였다. (→   )

주19. 成績不振의 原因을 분석하여 效果的 方案을 誤索 중이다. (→   )

주20. 開發到上國에서 先進國으로 跳躍할 수 있는 底力을 지녔다. (→   )

※ 다음 글을 읽고 물음에 답하시오.

　㉠권력이 있으면 빌붙고 권력이 없어지면 푸대접하는 세상의 인심을 의미하는 이 성어는, '달면 삼키고 쓰면 뱉는다.'라는 속담과 통한다. 이로우면 따라붙고 불리하면 ㉡냉정하게 ㉢배척하며 믿음과 의리나 지조가 없이 이익만을 꾀한다는 뜻이다.

주21. ㉠에 해당하는 성어를 漢字로 쓰시오.
　　　　　　　　　(　　　　　　　　　)
주22. ㉡을 漢字로 쓰시오.　(　　　　　)
주23. ㉢을 漢字로 쓰시오.　(　　　　　)

※ 다음 글을 읽고 물음에 답하시오.

　고인의 시문의 형식을 바꾸어서 그 짜임새와 수법이 먼저 것보다 잘되게 한다는 뜻의 성어로, (㉠)이란 원래는 도가(道家)에서 영단(靈丹)을 먹어 보통 사람들의 뼈를 선골로 만드는 것을 말하며, (㉡)는 시인의 시상(詩想)이 마치 어머니의 태내에 아기가 있는 것처럼 그 태를 자기 것으로 하여 시적 경지로 승화시키는 것을 말한다.

주24. ㉠에 알맞은 2음절의 단어를 漢字로 쓰시오.　(　　　　　)
주25. ㉡에 알맞은 2음절의 단어를 漢字로 쓰시오.　(　　　　　)

과목3. 한자와 한문

※ 다음 문장을 읽고 물음에 답하시오.

(가) 三歲之習 ㉠至于八十
(나) 人雖㉡至愚 責人則明
(다) 十人守之 不㉢得察一賊
(라) ㉣寧測十丈水深 難測一丈人深

주26. (가)에 해당하는 속담을 쓰시오.
　　(　　　　　　　　　　　　　　　)

주27. 문맥상 ㉠과 ㉡의 뜻을 각각 쓰시오.
　　(㉠　　　　　㉡　　　　　)
주28. 문맥상 ㉢과 바꾸어 쓸 수 있는 漢字를 쓰시오.　(　　　　　)
주29. 문맥상 ㉣의 훈음을 쓰시오.
　　　　　　　(　　　　　　)

※ 다음 글을 읽고 물음에 답하시오.

　(　㉠　) 性巧慧 多方略 喜談兵法 嘗曰 制倭船 莫若(　㉡　) 國人 未有知者 茂宣每見商客自江南來者 便問火藥之法 ㉢有一商以粗知對 請置其家 給養衣食 累旬詳問 頗得㉣요령

주30. ㉠에 알맞은 고려시대 인물의 이름을 본문에서 찾아 쓰시오.　(　　　　　)
주31. ㉡에 알맞은 2음절의 단어를 윗글에서 찾아 쓰시오.　(　　　　　)
주32. ㉢에서 인물이 주는 교훈을 간략히 쓰시오.
　　(　　　　　　　　　　　　　　　)
주33. ㉣을 漢字로 쓰시오.
　　　　　　　(　　　　　　)

※ 다음 漢詩를 읽고 물음에 답하시오.

(가) 秋風唯(ⓐ)吟　世路少㉠지음
　　窓外㉡三更雨　燈前萬里心
(나) 十年燈下(ⓑ)　三日馬頭榮

주34. (가)의 작가의 이름을 漢字로 쓰시오.
　　　　　　　(　　　　　　)
주35. ㉠을 漢字로 쓰시오.
　　　　　　　(　　　　　　)
주36. ㉡의 뜻을 쓰시오.　(　　　　　)

주37. ⓐ와 ⓑ에 공통으로 알맞은 漢字를 쓰시오.
( )

주38. (나)와 뜻이 같은 사자성어를 漢字로 쓰시오.
( )

※ 다음 문장을 읽고 물음에 답하시오.

> (가) 天長㉠去無執 花老蝶不來
> (나) 耕田埋春色 汲水㉡斗月光
> (다) 花有㉢重開日 人無更少年
> (라) 小船 難堪㉣重載 深逕 不宜獨行

주39. (가)는 우리말을 활용한 해학적인 문장이다. ㉠이 나타내는 3음절의 우리말을 쓰시오.
( )

주40. 문맥상 ㉡의 품사를 쓰시오.
( )

주41. (다)에서 얻을 수 있는 교훈을 간략히 쓰시오.
( )

주42. 문맥상 ㉢과 ㉣의 뜻을 각각 쓰시오.
(㉢ ㉣)

※ 다음 글을 읽고 물음에 답하시오.

> 妙藥難醫冤債病 ㉠橫財不富命窮人 生事事生 君㉡莫怨 害人人害 汝休嗔 ㉢天地自然 皆有報 遠在兒孫近在身

주43. ㉠을 해석하시오.
( )

주44. 문맥상 ㉡과 뜻이 같은 漢字를 윗글에서 찾아 쓰시오.
( )

주45. ㉢을 표현하기에 적절한 사자성어를 漢字로 쓰시오.
( )

※ 다음 글을 읽고 물음에 답하시오.

> 眞宗皇帝㉠御製曰 知危識險 終無ⓛ나망之門 擧善薦賢 自有安身之路 施(ⓐ)布德 乃世代之榮昌 懷妬報寃 與子孫之危患 損人利己 終無顯達㉢雲仍 害衆成家 豈有長久富貴 改名異體 皆因巧語而生 禍起傷身 皆是不(ⓑ)之召

주46. ㉠의 뜻을 쓰시오. ( )

주47. ㉡을 漢字로 쓰시오.
( )

주48. ⓐ와 ⓑ에 공통으로 알맞은 漢字를 쓰시오.
( )

주49. ㉢의 뜻을 쓰시오. ( )

※ 다음 글을 읽고 물음에 답하시오.

> 孫順家貧 與其妻 傭作人家以養母 有兒每奪母食 順謂妻曰 ㉠兒可得 母難再求 乃負兒往歸醉山北郊 欲埋掘地 忽有甚奇石鐘 驚怪試撞之 舂容可愛 妻曰 得此奇物 殆兒之福 埋之不可 順以爲然 將兒與鐘還家 懸於樑撞之 王聞鐘聲 淸遠異常而㉡覈聞其實曰 昔郭巨埋子 天賜金釜 今孫順埋兒 地出(㉢) 前後㉣부동 賜家一區 歲給米五十石

주50. 윗글에서 강조하는 덕목을 漢字로 쓰시오.
( )

주51. ㉠을 해석하시오.
( )

주52. ㉡을 해석하시오.
( )

주53. 문맥상 ㉢에 알맞은 2음절의 한자어를 본문에서 찾아 쓰시오.
( )

주54. ㉣을 漢字로 쓰시오.
( )

※ 제시된 <풀이>에 맞게 ( )안의 漢字들을 모두 이용하여 바르게 배열하시오.

주55. (貴 讀 人 爲 書)
　　（　　　　　　　　　　　）
　　<풀이> 책을 읽으면 귀한 사람이 된다.

주56. 讐怨莫結 (難 逢 路 處 避 狹 回)
　　（　　　　　　　　　　　）
　　<풀이> 원수와 원한을 맺지 말라. 길이 좁은 곳에서 만난다면 회피하기 어려우니라.

※ 다음 ○에 들어갈 단어를 漢字로 쓰시오.

주57. 雨磨菖蒲刀 ○梳楊柳髮　（　　　　）

주58. ○一時之忿 免百日之憂　（　　　　）

※ 다음 문장에서 밑줄 친 부분을 해석하시오.

주59. 日暮鷄登埘
　　（　　　　　　　　　　　）

주60. 曳杖石鷄鷄
　　（　　　　　　　　　　　）

주61. 人不通古今 馬牛而襟裾
　　（　　　　　　　　　　　）

주62. 勇力振世 守之以怯
　　（　　　　　　　　　　　）

주63. 敬尊長奉有德 別賢愚 恕無識
　　（　　　　　　　　　　　）

주64. 心心常似過橋時
　　（　　　　　　　　　　　）

주65. 爲不善者 天報之以禍
　　（　　　　　　　　　　　）

※ 다음은 고등학교 교육과정해설서의 일부이다. 내용을 읽고 물음에 답하시오.

> '문장'이란, 하나의 완결된 생각을 나타낸 언어 단위로, 일반적으로 주부(主部)와 술부(述部)로 이루어진다.
> ▶ 주성분(主成分) : 주부를 이루는 성분이 (㉠)이고, 술부를 이루는 성분에는 서술어, (㉡), 보어가 있다.
> ▶ 부속 성분(附屬成分) : 주요 성분에 덧붙어 이를 수식하거나 한정하는 (㉢) 등을 말한다.

주66. ㉠에 알맞은 문장성분을 쓰시오.
　　（　　　　　　　　　　　）

주67. ㉡에 알맞은 문장성분을 쓰시오.
　　（　　　　　　　　　　　）

주68. ㉢에 알맞은 문장성분을 한 개만 쓰시오.
　　（　　　　　　　　　　　）

※ 다음 물음에 답하시오.

주69. 다음에서 설명하는 국제기구의 명칭을 쓰시오.
　　（　　　　　　　　　　　）

> 교육, 과학, 문화의 국제적인 개발과 보급을 통하여 국가 및 국민간의 상호이해와 협력을 증진하고 궁극에는 세계의 평화와 인류의 번영을 성취하자는 이상을 구현하고자 국제연합의 전문기구 중 하나로 1946년 11월에 출범하여, 평생교육의 발전에 크게 공헌하였다.

주70. 다음에서 설명하고 있는 제도의 명칭을 쓰시오.
　　（　　　　　　　　　　　）

> 가) 다양한 형태의 학습경험 및 자격을 학점으로 인정하는 제도이다.
> 나) 대학 교육과정에 준하는 표준교육과정을 근거로 인정된 평생교육기관들의 교육이수결과를 대학의 학점에 준하여 인정해 주는 제도이다.
> 다) 학점이 누적되어 일정 기준이 충족되면 학위 취득도 가능하게 하는 제도이다.

★ 수고하셨습니다.

국가공인
한자·한문지도사 2급

모 범 답 안

연습문제 1회

● 객관식

1	④	6	③	11	②	16	③	21	④	26	①
2	③	7	③	12	①	17	②	22	④	27	④
3	③	8	②	13	②	18	③	23	②	28	④
4	②	9	③	14	②	19	④	24	①	29	③
5	①	10	①	15	③	20	③	25	①	30	④

● 주관식

1	預	11	병렬	21	致→稚	31	指鹿爲馬
2	聿, 붓 율	12	수식	22	後生可畏	32	조고의 눈치를 보느라
3	皿	13	弄璋	23	靑出於藍/後生角高	33	東大門
4	益, 盛, 監 등	14	瑕疵	24	伯父	34	집의 위치
5	ⓐ 덮을 부 ⓑ 뒤집힐 복	15	阿	25	拔本塞源	35	霜楓
6	ⓒ 거북 귀 ⓓ 터질 균	16	僑	26	공든 탑이 무너지랴	36	북치는 소리는 인명을 재촉하네.
7	펼 포	17	修繕	27	어찌 언	37	해 질 무렵
8	보시 보	18	垂線	28	友	38	저승
9	臺	19	抄→招	29	知彼知己	39	尖端, 尖銳 등
10	嘗	20	葬→臟	30	專權	40	형용사

41	㉢ 다시 부, ㉣ 다시 갱	56	食在口則吐之
42	자녀교육의 중요성	57	秋
43	雖	58	過去
44	㉢ 명사 ㉣ 동사	59	개가 달리니 매화꽃이 피고
45	박지원(朴趾源)	60	차라리 밑 빠진 항아리를 막을지언정
46	공업은 평소에 배우지 않았다.	61	급하고 어려울 때 함께할 친구는 하나도 없다.
47	本錢	62	잠시 부벽루에 올라갔다.
48	歸	63	가르친들 무엇이 이로우리요.
49	약속을 지키지 아니함	64	그대에게 권하노니 늙어가는 사람을 공경히 대접하라.
50	지목(指目)	65	지혜는 원만하도록 하되 행동은 방정하도록 해야 한다.
51	온달(溫達)	66	주술목
52	顯榮	67	人易老, 學難成
53	繩	68	토의 학습법, 역할놀이 학습법
54	夫	69	학습계좌제
55	花笑聲未聽	70	직업능력인증제

연습문제 제2회

● 객관식

1	④	6	③	11	④	16	①	21	③	26	④
2	①	7	④	12	②	17	①	22	④	27	③
3	①	8	①	13	④	18	③	23	②	28	③
4	①	9	③	14	①	19	④	24	④	29	③
5	②	10	②	15	③	20	②	25	①	30	③

● 주관식

1	㉠괘, ㉡圖	11	수식	21	明→冥	31	~부터/~에서
2	肉, 15획	12	順序	22	緣木求魚	32	粟
3	隸書	13	愼重	23	衆寡不敵	33	吾心得安
4	鼠	14	蜜語	24	群鷄一鶴	34	바람은 대나무 속의 거문고가 되었다.
5	爪	15	獵奇	25	煙霞痼疾	35	첩첩산중/심산유곡
6	木覓	16	幕	26	孝	36	日月
7	斜	17	縮	27	木花	37	鴻雁
8	眠	18	考査	28	물의 깊이는 헤아릴 수 있으나 사람의 마음은 헤아리기 어렵기 때문에	38	세속을 떠난 자연 속에서의 삶
9	过	19	枯死	29	아버지의 명을 어기지 않기 위해	39	金剛山
10	归	20	待→帶	30	지난번에	40	나에게 무슨 일로 푸른 산에 사냐고 물으신다면

41	부사	56	不如不言
42	聰明	57	責
43	子弟	58	婚, 娶
44	ⓐ 己 ⓑ 人	59	자만하면 덜어냄을 부르게 되고 겸손하면 더함을 받느니라.
45	성현의 지위에 이르지 못함을 근심하지 않는다.	60	쥐와 새들이 어지러이 먹어대는 것이 첫째 낭비요
46	워리 사냥개	61	젖내 나는 입으로 길고 짧음을 다투지 말아라.
47	이랴 누운 소	62	백아는 거문고를 잘 연주하고 종자기는 잘 들었다.
48	도리어	63	나와 관계없는 일을 함부로 행하지 말라
49	浮生	64	사람은 백 살을 사는 사람이 없으나 부질없이 천 년을 사는 계획을 세우느니라.
50	아이가 어머니의 음식을 먹어서	65	빈속에는 차를 마시지 말고 밤중에는 밥을 적게 먹어라
51	용용가애	66	及, 與, 且
52	兒	67	則
53	손순이 그렇다고 여겼다.	68	己, 耳
54	동사	69	낭독법, 해석법, 문답법, 지필법, 과제평가법 등
55	善與人交 久而敬之	70	문장 독해와 관련지어 평가한다.

연습문제 3회

● 객관식

1	②	6	④	11	②	16	①	21	④	26	①
2	①	7	③	12	①	17	①	22	③	27	④
3	④	8	①	13	②	18	④	23	②	28	③
4	①	9	②	14	①	19	③	24	②	29	①
5	①	10	④	15	③	20	①	25	②	30	②

● 주관식

1	頁, 머리 혈	11	병렬	21	呼吸	31	騷客
2	상형	12	刹那, 瞬間, 暫間	22	진서	32	새홍하처거
3	ⓒ 鹿 ⓓ 음/소리	13	間接	23	흡족하게 누림	33	月
4	ⓐ 죽일 살 ⓑ 덜 쇄	14	隔	24	發揮	34	皺眉
5	ⓒ 별 진 ⓓ 때 신	15	謁見	25	凍氷寒雪	35	ⓐ 이 ⓑ 나이
6	獻	16	俳優	26	안 되는 사람은 자빠져도 코가 깨진다.	36	기유전완석
7	蓄	17	凱旋	27	하룻강아지 범 무서운 줄 모른다.	37	입이 비석보다 낫다.
8	釋	18	改善	28	友	38	嫁
9	傳來	19	唐→糖	29	言行一致	39	거짓말
10	淡	20	事→徙	30	서리 맞은 단풍은 해를 향하여 붉다.	40	固辭

41	내가 바로 그대의 배필입니다.	56	鷄
42	過度	57	少, 年
43	친척/육친	58	牛
44	소원(疎遠)	59	자주 오면 친한 사이도 멀어진다.
45	항상 이미 지나간 잘못을 생각하라.	60	바람은 버들의 머리카락을 빗어주네.
46	만약	61	어두운 방에서 마음을 속일지라도 신의 봄은 번개와 같다.
47	고추장	62	슬퍼하고 기뻐함을 극심하게 표현하지 말고
48	知音	63	술은 성공과 실패가 있는 것으로 함부로 마시면 안 된다.
49	孝	64	상서로운 구름을 헤치고 푸른 하늘을 보는 것과 같다.
50	至誠感天, 天佑神助 등	65	여름 구름은 기묘한 봉우리가 많도다.
51	등에 태워주려고	66	部首
52	投宿	67	조어분석법
53	이상하게 여기다./ 괴이하게 여기다.	68	색출법
54	畵虎畵皮難畵骨	69	내용을 풀이하고 감상하는 것을 평가한다.
55	月送獨去舟	70	평생교육사

연습문제 4회

● 객관식

1	④	6	③	11	②	16	④	21	③	26	③
2	②	7	①	12	④	17	④	22	①	27	④
3	②	8	②	13	③	18	①	23	③	28	③
4	②	9	②	14	③	19	③	24	②	29	①
5	③	10	④	15	③	20	①	25	③	30	①

● 주관식

1	阜, 12획	11	술목	21	龜鑑/模範	31	둥글게 된 후에 어찌 쉽게 이지러지는가.
2	楷書	12	수식	22	梁上君子	32	七言絶句
3	창 모	13	緩急	23	攝政	33	을지문덕(乙支文德)
4	炙	14	經緯	24	基盤	34	만족함을 알고 그만두기를 원하노라.
5	구울 자	15	左遷	25	吐哺握髮	35	깨끗하지 못한 것을 먹기 때문에
6	구울 적	16	貫徹	26	친구 따라 강남 간다.	36	野禽
7	憂	17	斜	27	隣	37	넓적다리를 베어서 봉양했다.
8	鍛	18	贈	28	易地思之 등	38	상덕의 효성을 가상히 여겨서
9	馆	19	卒→拙	29	차라리 녕	39	왕발(王勃)
10	难	20	除→制	30	달	40	豪富

41	命	56	雨脚尺天地
42	말하다	57	風
43	잔소리	58	秋, 月
44	百戰老將/老馬之智	59	백성으로 하여금 각각 그 뜻을 펼 수 있도록 하는 것이다.
45	山海珍味, 珍羞盛饌	60	대장부는 남을 용서할지언정 남에게 용서받는 사람이 되면 안 된다.
46	사온 고기가 얼마나(몇 덩이나) 되느냐?	61	화로는 싸늘해도 불씨는 아직도 남아있다
47	首飾	62	악을 들었거든 귀가 먹은 것과 같이 하라.
48	다른 사람들이 먹고 병이 날까 걱정 되어서	63	선하지 않은 일을 보거든 끓는 물에 손을 넣는 것처럼 여겨야 한다.
49	그림자가 생기는 이유와 그림자의 크기가 다른 이유	64	세상 사람들은 부질없이 스스로 바쁘다 하느니라.
50	透光	65	좁은 길에서 만나면 피하기 어렵다.
51	遠	66	의문형
52	과연	67	비교형
53	예리(銳利)	68	한정형
54	ⓒ矛, ⓔ盾	69	학습계좌제
55	飮酒人顔赤	70	평생교육진흥원

연습문제 5회

● 객관식

1	②	6	④	11	③	16	②	21	①	26	④
2	③	7	④	12	③	17	②	22	③	27	④
3	②	8	①	13	①	18	①	23	②	28	①
4	④	9	②	14	④	19	①	24	④	29	①
5	②	10	②	15	④	20	④	25	④	30	③

● 주관식

1	㉠ 建 ㉡ 축	11	수식	21	煩惱	31	태조가 활을 들고 위협했기 때문에
2	內, 13획	12	병렬	22	修養	32	群臣
3	상형(象形)	13	盜賊	23	寸鐵殺人	33	앞장서다
4	狼	14	愼重, 鎭重	24	弄璋之慶	34	뱀이 물까봐
5	㉠ 주울 습 ㉡ 열 십	15	抱擁	25	立身揚名	35	機智
6	㉠ 변방 새 ㉡ 막을 색	16	摩擦	26	접시경번분	36	재상
7	篤	17	原稿	27	시인	37	책을 읽지 않았다.
8	回	18	原告	28	兄弟	38	그것을 읽지 않을 수 없었다.
9	実	19	謀叛	29	黃泉	39	㉠ 마치/같이 ㉡ 만약
10	异	20	指鹿爲馬	30	咸興差使	40	공자(孔子)

41	불똥/불꽃	56	拙, 樂
42	범상하지 않음	57	夫婦
43	四柱	58	손님을 대접할 때에는 풍족하게 해야 한다.
44	ⓐ해, ⓑ비로소(싣다)	59	노복(奴僕)을 부릴 때에는 먼저 그들의 춥고 배고픔을 생각할 것이니라.
45	小的	60	좋은 밭이 만 이랑이라도 하루에 먹는 것은 두 되이다.
46	과연 하늘이 주신 것입니다. 어찌 가지지 않으십니까?	61	꽃이 떨어지니 가련하여 차마 쓸지 못하고
47	ⓐ 도리어 ⓑ 돌려주다	62	들이 넓어 하늘마저 나무 아래로 보이고
48	임금의 장인	63	임금이 투기하는 신하가 있으면 어진 벼슬아치가 이르지 않느니라.
49	교우의 중요성/환경의 중요성	64	황금은 관리의 마음을 검게 한다.
50	芝蘭	65	긴 강은 땅을 가르며 흐른다.
51	厠	66	虛字
52	近墨者黑	67	以
53	비록 옷은 더럽히지 않더라도 때때로 그 냄새가 묻는다.	68	而
54	輕死生於鴻毛	69	유네스코
55	治家不得不儉	70	평생교육

연습문제 6회

● 객관식

1	①	6	④	11	②	16	③	21	①	26	②
2	③	7	③	12	④	17	④	22	③	27	④
3	③	8	②	13	①	18	③	23	②	28	②
4	①	9	②	14	①	19	①	24	①	29	①
5	④	10	④	15	①	20	③	25	①	30	③

● 주관식

1	전주(轉注)	11	병렬	21	結局	31	弓刀
2	邑, 고을 읍	12	수식	22	尾生之信	32	ⓒ 초승달 ⓒ 별똥별
3	琴	13	鼓舞	23	咸興差使	33	光陰
4	瑟	14	遵守	24	姑息之計/下石 上臺/凍足放尿	34	秋
5	頓	15	隱蔽	25	滄海一粟	35	池塘
6	荷	16	親疎	26	되로 주고 말로 받는다.	36	ⓒ 무, ⓓ 배추
7	抛	17	隱現	27	하늘이 무너져도 솟아날 구멍이 있다.	37	禮
8	買	18	螢雪之功	28	한군데 오래 안주하면 좋지 않다.	38	부녀자가 거처하는 곳
9	夸	19	차윤전	29	必	39	田獵
10	囲	20	橋脚	30	李舜臣	40	이것으로부터

41	夫婦, 父子, 兄弟	56	王義之
42	于	57	死, 生
43	座右銘	58	흰 술은 사람의 얼굴을 붉게 한다.
44	자획필해정	59	혼인을 하는데 재물을 논함은 오랑캐의 도(道)이니라.
45	惡	60	그대에게 권하노니 다시 한잔 술을 다 마셔라.
46	17(十七)	61	무지개는 높디높은 다리가 되었네.
47	이것을 자리의 모퉁이에 써서 붙여 놓고	62	큰집이 천간이라도 밤에 누우면 8척이고
48	일을 하는 것은 반드시 시작할 때부터 계획하며	63	많은 사람들이 미워할지라도 반드시 살펴야 한다.
49	年	64	만족할 줄 알면 즐거울 수 있고, 탐욕을 채우려 하면 근심하게 된다.
50	새벽에 만약 일어나지 않는다면 그 날에 할 일이 없느니라	65	부모님이 한 번 말을 해도 바로 쓸데없는 참견이라고 말하네.
51	心	66	비교학습법
52	相	67	부수 중심 지도법, 구조 분석법, 조어 분석법, 언어 활용법, 반복 학습법 등
53	汲	68	민주성
54	結怨於人謂之種禍	69	학습계좌제
55	也應將親作看兒	70	학점은행제

기출문제 1회

● 객관식

1	①	6	①	11	②	16	①	21	②	26	②
2	③	7	④	12	①	17	①	22	③	27	③
3	②	8	③	13	④	18	②	23	①	28	④
4	③	9	②	14	③	19	②	24	①	29	②
5	①	10	④	15	②	20	①	25	②	30	③

● 주관식

1	小篆	11	수식	21	騷人	31	知音
2	虫	12	始祖, 元祖	22	墨客	32	거문고를 놓고
3	蛇, 虹, 螳, 螂 등	13	敏感 / 銳敏	23	奉養	33	그대의 뜻을 들음이여
4	ⓐ 찾을 색 ⓑ 쓸쓸할 삭	14	睡	24	反哺之孝	34	推敲
5	ⓐ 셈 수 ⓑ 자주 삭	15	焦	25	風樹之嘆	35	紅
6	遲	16	寬大	26	ⓐ 모든 ⓑ (그것을)~에게	36	동사
7	購	17	冠帶	27	반드시 가장에게 여쭈어야 한다.	37	ⓐ 사냥개 ⓑ 누운 소
8	階	18	縮→築	28	탐내지 않는 것을 보배로 여기므로	38	이별(離別)
9	聰明	19	弊→幣	29	ⓒ 만약 ⓓ 같다	39	君
10	習慣	20	受→收	30	잃다	40	비가 개다.

41	別淚	56	不在其位不謀其政
42	塞翁之馬 / 興盡悲來 등	57	月
43	豪家	58	忠臣
44	寂寞	59	열 그릇 밥에 한 수저씩 덜면 도로 밥 한 그릇이 된다.
45	전구학	60	새가 오래 머물면 반드시 화살을 맞는다.
46	公平 (平等)	61	술자리에서 말을 하지 않으면 참된 군자이다.
47	孝	62	썩은 흙으로 만든 담장은 흙손질을 할 수 없다.
48	厭忌	63	넓적다리를 베어내도 도로 어버이의 살이니
49	물은 한번 기울어 엎어지면 돌이킬 수 없다.	64	철창으로도 오히려 잠글 수 없느니
50	ⓐ도리어 ⓑ 돌이키다.	65	반걸음을 쌓아놓지 않으면 천리에 이를 수 없고
51	서조(署調)	66	㉠3, ㉡2
52	하늘의 뜻이므로	67	㉢承, ㉣轉
53	아뢰다./ 들려주다.	68	문하생 학력 인증제
54	두 사람의 욕심없는(서로 양보하는) 행동을 가상히 여겼기 때문에	69	학습계좌제
55	長江割地去	70	직업능력인증제

기출문제 2회

● 객관식

1	③	6	③	11	②	16	④	21	②	26	①
2	①	7	②	12	①	17	②	22	①	27	④
3	①	8	①	13	②	18	①	23	①	28	①
4	④	9	③	14	④	19	③	24	②	29	④
5	②	10	④	15	②	20	①	25	②	30	③

● 주관식

1	㉠ 모 ㉡ 險	11	수식	21	炎凉世態	31	화약(火藥)
2	韋, 가죽 위	12	矛盾	22	冷情	32	목표를 위해 최선을 다함
3	阜	13	疏遠	23	排斥	33	要領
4	院, 陳 등	14	侮	24	換骨	34	崔致遠
5	㉠ 거느릴 솔 ㉡ 비율 률	15	濁	25	奪胎	35	知音
6	㉢ 성 가 ㉣ 장사 고	16	炊事	26	세살 버릇 여든 간다.	36	밤11시에서 새벽1시 사이 / 한밤중
7	髮	17	取捨	27	㉠이르다 ㉡매우/지극히	37	苦
8	速	18	督 → 篤	28	可 / 能	38	苦盡甘來
9	卫	19	謨 → 摸	29	차라리 녕	39	거미집
10	欢	20	到 → 途	30	최무선(崔茂宣)	40	동사

41	시간을 헛되이 쓰지 말라./청춘은 다시 오지 않는다. 등	56	路逢狹處 難回避
42	㉢거듭/다시 ㉣무겁다	57	風
43	뜻밖에 생기는 재물도 운명이 곤궁한 사람을 부유하게 하지 못하느니라	58	忍
44	休	59	날이 저물면 닭은 횃대에 오르고
45	因果應報/種豆得豆/種瓜得瓜	60	지팡이를 끌고 가니 돌이 달그락 달그락
46	임금이 몸소 짓거나 만듦/ 임금이 지은 글	61	사람이 고금의 일을 알지 못하면 말이나 소가 되어서 옷을 입은 것과 같으니라.
47	羅網	62	용력이 세상을 진동할지라도 겁냄으로써 지켜가야 하고
48	仁	63	어질고 어리석은 사람을 분별하며 무식한 사람을 포용하라
49	자손/후손	64	마음마다 항상 다리를 건너는 때와 같이 할 것 이니라.
50	孝/ 孝行 / 孝誠	65	불선을 행하는 사람은 하늘이 화(禍)로써 갚아준다
51	아이는 얻을 수 있지만 어머니는 다시 구하기 어렵다.	66	주어
52	그 실상을 자세히 들었다.	67	목적어
53	石鐘	68	부사어, 관형어
54	符同	69	유네스코 / 국제연합교육과학문화기구
55	讀書爲貴人	70	학점은행제

국가공인 한자·한문지도사 자격시험 답안지

문항	주관식 답안란	초검	재검
주21	주21번 답안란입니다.	○	○
주22		○	○
주23		○	○
주24		○	○
주25		○	○
주26		○	○
주27		○	○
주28		○	○
주29		○	○
주30		○	○

문항	주관식 답안란	초검	재검
주31		○	○
주32		○	○
주33		○	○
주34		○	○
주35		○	○
주36		○	○
주37		○	○
주38		○	○
주39		○	○
주40		○	○

문항	주관식 답안란	초검	재검
주41		○	○
주42		○	○
주43		○	○
주44		○	○
주45		○	○
주46		○	○
주47		○	○
주48		○	○
주49		○	○
주50		○	○

국가공인 한자·한문지도사 자격시험 답안지

특급, 1~3급 응시자용

주관: (사)한자교육진흥회
시행: 한국한자실력평가원

문항	주관식 답안란	초검	재검
주51	주51번 답안란입니다.	○	○
주52		○	○
주53		○	○
주54		○	○
주55		○	○
주56		○	○
주57		○	○
주58		○	○
주59		○	○
주60		○	○

문항	주관식 답안란	초검	재검
주61		○	○
주62		○	○
주63		○	○
주64		○	○
주65		○	○
주66		○	○
주67		○	○
주68		○	○
주69		○	○
주70		○	○

문항	초검	재검	특급 주관식 답안란 (1~3급은 작성불가)	문항	초검	재검
주91	○	○		주100	○	○
주92	○	○		주99	○	○
주93	○	○		주98	○	○
주94	○	○		주97	○	○
주95	○	○		주96	○	○

문항	초검	재검	특급 주관식 답안란 (1~3급은 작성불가)	문항	초검	재검
주81	○	○		주90	○	○
주82	○	○		주89	○	○
주83	○	○		주88	○	○
주84	○	○		주87	○	○
주85	○	○		주86	○	○

문항	초검	재검	특급 주관식 답안란 (1~3급은 작성불가)
주71	○	○	주71번 답안란입니다.
주72	○	○	
주73	○	○	
주74	○	○	
주75	○	○	
주76	○	○	
주77	○	○	
주78	○	○	
주79	○	○	
주80	○	○	

문항	주21	주22	주23	주24	주25	주26	주27	주28	주29	주30
초검	○	○	○	○	○	○	○	○	○	○
재검	○	○	○	○	○	○	○	○	○	○

주관식 답안란: 주21번 답안란입니다.

문항	주31	주32	주33	주34	주35	주36	주37	주38	주39	주40
초검	○	○	○	○	○	○	○	○	○	○
재검	○	○	○	○	○	○	○	○	○	○

문항	주41	주42	주43	주44	주45	주46	주47	주48	주49	주50
초검	○	○	○	○	○	○	○	○	○	○
재검	○	○	○	○	○	○	○	○	○	○

국가공인 한자·한문지도사 자격시험 답안지

특급, 1~3급 응시자용

주관 : (사)한자교육진흥회
시행 : 한국한자실력평가원

주관식 답안란

문항	주관식 답안란	초점 재검 문항	주관식 답안란	초점 재검
주51	주51번 답안란입니다.	○ ○	주61	○ ○
주52		○ ○	주62	○ ○
주53		○ ○	주63	○ ○
주54		○ ○	주64	○ ○
주55		○ ○	주65	○ ○
주56		○ ○	주66	○ ○
주57		○ ○	주67	○ ○
주58		○ ○	주68	○ ○
주59		○ ○	주69	○ ○
주60		○ ○	주70	○ ○

문항	특급 주관식 답안란 (1~3급은 작성불가)	채점	초검
주71	주71번 답안란입니다.	○	○
주72		○	○
주73		○	○
주74		○	○
주75		○	○
주76		○	○
주77		○	○
주78		○	○
주79		○	○
주80		○	○

문항	특급 주관식 답안란 (1~3급은 작성불가)	채점	초검
주81		○	○
주82		○	○
주83		○	○
주84		○	○
주85		○	○
주86		○	○
주87		○	○
주88		○	○
주89		○	○
주90		○	○

문항	특급 주관식 답안란 (1~3급은 작성불가)	채점	초검
주91		○	○
주92		○	○
주93		○	○
주94		○	○
주95		○	○
주96		○	○
주97		○	○
주98		○	○
주99		○	○
주100		○	○

특급, 1 ~ 3급 응시자용

국가공인 한자 · 한문지도사 자격시험 답안지

주관 : (사)한자교육진흥회
시행 : 한국한자실력평가원

3 1

회 차	제 회	응시등급		문제유형	
감독관 확 인	(서명)	특 급	○	A형	○
		1 급	○		
		2 급	○	B형	○
		3 급	○		

성 명	

수 험 번 호

			-			-			-				
⓪	⓪	⓪		⓪	⓪		⓪			⓪	⓪	⓪	⓪
①	①	①		①	①		①			①	①	①	①
②	②	②		②	②		②			②	②	②	②
③	③	③		③	③		③			③	③	③	③
④	④	④		④	④					④	④	④	④
⑤	⑤	⑤	-	⑤	⑤	-		⑤	-	⑤	⑤	⑤	⑤
⑥	⑥	⑥		⑥	⑥					⑥	⑥	⑥	⑥
⑦	⑦	⑦		⑦	⑦					⑦	⑦	⑦	⑦
⑧	⑧	⑧		⑧	⑧					⑧	⑧	⑧	⑧
⑨	⑨	⑨		⑨	⑨					⑨	⑨	⑨	⑨

생 년 월 일

⓪	⓪	⓪	⓪	⓪	⓪
①	①	①	①	①	①
②	②		②	②	②
③	③		③	③	③
④	④		④		④
⑤	⑤		⑤		⑤
⑥	⑥		⑥		⑥
⑦	⑦		⑦		⑦
⑧	⑧		⑧		⑧
⑨	⑨		⑨		⑨

채점위원확인란
(응시자표기금지)

(초검)

(재검)

객 관 식 답 안 란

1	① ② ③ ④	16	① ② ③ ④	31	① ② ③ ④
2	① ② ③ ④	17	① ② ③ ④	32	① ② ③ ④
3	① ② ③ ④	18	① ② ③ ④	33	① ② ③ ④
4	① ② ③ ④	19	① ② ③ ④	34	① ② ③ ④
5	① ② ③ ④	**20**	① ② ③ ④	**35**	① ② ③ ④
6	① ② ③ ④	21	① ② ③ ④	36	① ② ③ ④
7	① ② ③ ④	22	① ② ③ ④	37	① ② ③ ④
8	① ② ③ ④	23	① ② ③ ④	38	① ② ③ ④
9	① ② ③ ④	24	① ② ③ ④	39	① ② ③ ④
10	① ② ③ ④	**25**	① ② ③ ④	**40**	① ② ③ ④
11	① ② ③ ④	26	① ② ③ ④	41	① ② ③ ④
12	① ② ③ ④	27	① ② ③ ④	42	① ② ③ ④
13	① ② ③ ④	28	① ② ③ ④	43	① ② ③ ④
14	① ② ③ ④	29	① ② ③ ④	44	① ② ③ ④
15	① ② ③ ④	**30**	① ② ③ ④	**45**	① ② ③ ④
				46	① ② ③ ④
				47	① ② ③ ④
				48	① ② ③ ④
				49	① ② ③ ④
				50	① ② ③ ④

※ 답안지 작성요령

1. 객관식 답은 해당번호에 검정색 펜으로 표기
   ▶ 바른표기 예 : ●
   ▶ 틀린표기 예 : ◑ ⊙ ✓ ⊗
2. 객관식 답을 수정할 때는 수정테이프를 사용
3. 주관식 답을 수정할 때는 두줄로 긋고 작성
4. 본 답안지를 구기거나 훼손하지 마시오.

주관식 답안란

문항	주관식 답안란	초검	재검	문항	주관식 답안란	초검	재검
주 1		○	○	주 11		○	○
주 2		○	○	주 12		○	○
주 3		○	○	주 13		○	○
주 4		○	○	주 14		○	○
주 5		○	○	주 15		○	○
주 6		○	○	주 16		○	○
주 7		○	○	주 17		○	○
주 8		○	○	주 18		○	○
주 9		○	○	주 19		○	○
주 10		○	○	주 20		○	○

문항	주21	주22	주23	주24	주25	주26	주27	주28	주29	주30
주관식 답안란	주21번 답안란입니다.									
초검	○	○	○	○	○	○	○	○	○	○
재검	○	○	○	○	○	○	○	○	○	○
문항	주31	주32	주33	주34	주35	주36	주37	주38	주39	주40
주관식 답안란										
초검	○	○	○	○	○	○	○	○	○	○
재검	○	○	○	○	○	○	○	○	○	○
문항	주41	주42	주43	주44	주45	주46	주47	주48	주49	주50
주관식 답안란										
초검	○	○	○	○	○	○	○	○	○	○
재검	○	○	○	○	○	○	○	○	○	○

국가공인 한자·한문지도사 자격시험 답안지

특급, 1~3급 응시자용

주관: (사)한국한자교육진흥회
시행: 한국한자실력평가원

주관식 답안란

주51번 답안란입니다.

문항	주관식 답안란	초검 채점	문항	주관식 답안란	초검	채점
주51			주61			
주52			주62			
주53			주63			
주54			주64			
주55			주65			
주56			주66			
주57			주67			
주58			주68			
주59			주69			
주60			주70			

문항	특급 주관식 답안란 (1~3급은 작성불가)
주71	주71번 답안란입니다.
주72	
주73	
주74	
주75	
주76	
주77	
주78	
주79	
주80	

문항	특급 주관식 답안란 (1~3급은 작성불가)
주81	
주82	
주83	
주84	
주85	
주86	
주87	
주88	
주89	
주90	

문항	특급 주관식 답안란 (1~3급은 작성불가)
주91	
주92	
주93	
주94	
주95	
주96	
주97	
주98	
주99	
주100	